愛ほど速やかに育つものはないように見えるが、
実は愛ほどゆっくり育つものはない。

（P31より　マーク・トウェインの言葉）

完全な結婚なんてものはないの。
あるのは、完全なひととき。

（P305より）

ぼくたちは地図を壁に貼り、訪問地に印をつけた。
アメリカ中に散らばる25の主要都市、
巨大キャンピングカーによる1万2千マイルの旅――。

（P29より）

独身男のマットとジェイスンは、40年以上、幸せな結婚を続けている「マリッジ・マスター」にマイクを向け続け、その期間は４年に及んだ。インタビューの締めには、いつもこう訊いた――「何十年も愛し合ったあなたがたが、世界に伝えたいメッセージを、ひとつだけ」。

彼ら《マリッジ・マスター》のメッセージや、生涯にわたる愛の遺産を、同じことをひそかに望んでいる人々に伝えることにしたのだ。

（P32より）

ジェイスン

マット

取材の旅に使ったキャンピングカー

手紙を読みあげるたびに、ふたりが当時どれほど愛し合い、
いまも愛し合っているか、思い出さずにはいられない。

（P110より）

新鮮でなくなったり、腐ったりするのは、
結婚ではない——人間だよ。

（P312より）

マットとジェイスンの――

幸せな結婚に出会う1万2千マイルの旅

Project everlasting

Two Bachelors Discover the Secrets of America's Greatest Marriages

マシュー・ボッグズ&ジェイスン・ミラー
田村源二 訳
MATHEW BOGGS and JASON MILLER

PROJECT EVERLASTING
Two Bachelors Discover
the Secrets of America's Greatest Marriages
by Mathew Boggs and Jason Miller

結婚歴63年のジャックとドロシー◎マーニーン夫妻に捧げる

プロローグ

60代はじめのチャーミングなカップルが、並んで椅子に座っている。インタビューを準備するふたりの若者を見守る夫妻の表情は、穏やかだが訝《いぶか》しげでもある。若者のひとりがビデオカメラに新品のテープを装塡し、もうひとりがノートに書かれた長い質問リストに目を走らせる。

妻が立ち上がって客の若者たちにコーヒーのお代わりをすすめる。夫が咳払いをして、「わたしたちの結婚のことをいろいろ知りたいということだったね？」と訪問者たちに訊く。

「はい、そうです」

「念のためもう一度訊くが、きみたちは結婚セラピストかね？」

「いえ、違います」

「では、研究のための調査をしているのかね？」

「違います」

「でも、本を書く……」

「はい」

「結婚はしているんだろう?」

「いいえ、していません。いつかしたいと思っているのですが、最近は、結婚が危険な冒険みたいになっていまして」

「うーん……すると、独身男がふたりで結婚の手引書を書こうというのか……」

「はい。それで、その道の達人から助言をいただきたいと思ったのです」

カメラがまわりはじめる……。

目次

2

どうやってお互いムカつかないようにしているのですか？

3

困難に直面したとき、どうすればいいですか？

4

どうすればロマンスの炎を燃やしつづけられるのですか？

5

マンネリ状態から、どうやって脱出すればいいですか？

6 すばらしい結婚を可能にした「最大の秘訣」は何ですか？

7 生涯ずっと愛情を保ちつづけるには、どうしたらいいですか？

イントロダクション——ぼくたちが大冒険に出た理由

祖父母夫婦は、なぜ結婚歴63年でもラブラブ？
――マットの場合

子供のころのぼくのお気に入りの映画は、ウォルト・ディズニーのアニメーション映画『ロビン・フッド』だった――ほんとうにもう数え切れないほど観た。なぜかって？ メイド・マリアンみたいな女の子を恋人にできるのは、ロビン・フッドのように勇敢で抜け目ない魅力的な英雄だけだ、という話が気に入っていたからだ。

ああ、メイド・マリアン（もちろん彼女はアニメの狐だったけど、最高にすてきなアニメの狐だった）。こちらもつられて笑いだしたくなるような、あのかわいらしい笑い声を聞くだけで、ぼくはメロメロになってしまった。バドミントンだってする（スポーツが得意というのもよかった）。ロビン・フッドとメイド・マリアンが夜中に滝の裏側を散歩する場面では、文字どおり、ぼくの胸は高鳴った。

ロビンはキスというご褒美を得るために、州長官《シェリフ》とのアーチェリーの試合に勝たなければならないというストーリーになっていたけど、結局は、愛がすべてに打ち勝つということなんだよね。10歳だったぼくは、それを素直に信じた。永遠の愛というものを、自分もそれを得られるのだということを、ぼくは一瞬たりと疑いはしなかった。〈それからはずっと幸せに暮らしましたとさ〉——それこそだれもが望んでいることではないか。

さて、それから数年後。中3の生物のテストの勉強をしていると、マムの声が沈黙を引き裂いた。ファミリー・ミーティングよ、と言っている。ということは、だれかがとってもよいことをしたか、とっても悪いことをしたか、そのどちらかだということになる。家族は頑張って期待以上の成績をおさめる者ばかりだったので、ぼくは悪いニュースよりもお祝いのほうに慣れていた。ところが、居間に足を踏み入れた瞬間、これは祝い事の雰囲気ではないな、とぼくにもわかった。

姉がソファの一方の端に座り、両親がもう一方の端に座っている。マムは泣いていた。涙をぬぐうとマムは、〝何があろうと大丈夫だからね〟という目をしてぼくを見つめた。それはぼくをますます不安にするだけだった。いつもは道化になりきって楽しませてくれるダッドの顔が、無表情のまま凍りついている。マムとダッドは体がふれ合わないように離れて座っていた。

マムが言った。「あなたたちのダッドとわたしから発表することがあります——わたしたち、離婚することにしました」

　ぼくの胃は無重力状態になり、姉はわっと泣きだした。友だちのなかには両親に離婚された者が何人もいたが、彼らの親とぼくの親はまったく違っていた。なにしろ彼らの親はどなり合い、皿を投げ合っていたのだ。だから、そうした友だちにとっては、両親の離婚は幸運な出来事であり、悲劇ではなかった。ところが、ぼくに関するかぎり、両親の別れは何の前ぶれもなく突然やってきた。マムとダッドは27年間も結婚していて、世界でいちばん幸せなカップルのように見えた。「愛しているよ」「愛しているわ」と互いに言い合うふたりを、ぼくは信じていた。

　母の離婚宣言は、ぼくが愛について信じていたことをすべて、跡形もなく消し去った。ぼくはマムにもダッドにも裏切られたのだ。

　その夜、ベッドに横たわると、めまいがするほど、さまざまな思いが激しくぐるぐると回転しはじめた。両親がキスをし、抱き合い、笑い、「わたしたちはね、気心が合う最良のパートナーなの、マット」と何度も何度もぼくに言う記憶がよみがえったが、もうすべてが蜃《しん》気楼《きろう》のようだった。〈いったいなんでこんなことになってしまったのか？　マムもダッドもよくもまあぼくに嘘をつきとおせたものだ！〉

離婚された子供たちのほとんどがそうせざるをえなくなるように、ぼくもすぐに、ふたつの家を行ったり来たりするか、それとも片方の親のところに居つづけるか、という選択を迫られた。ぼくは行ったり来たりするほうを選んだ。2週間ごとに住む家を替えたので、そのたびに自分の家庭はふたつに引き裂かれているのだという苦い思いを新たにした。なにかこう、自分が裏返しになったような気分だった。すべてがよそよそしく感じられた。未来は厚い霧の向こうにあるようで、ぼんやりとしか見えなかった。〈クリスマスはどうなるんだろう？　誕生日は？　感謝祭は？〉

離婚はぼくたちの生活をすっかり破壊してしまった。ぼくはダッドを捨てて出ていったマムを恨み、その気持ちを本人にも知らせた。そして、マムを幸せにできなかったダッドも恨み、同じようにそれを本人に知らせた。ぼくは両親にもう一度愛し合ってほしかった。以前のように家族みんなで暮らしたかった。だが、それは絶望的だった。永遠の愛の誓いは、どうやら心変わりするまでしか続かないようだった。

●愛のエネルギーが見えた！

13年後、ぼくは教育学の修士課程を修了しようとしていた。ちょうどガールフレンドとひどい別れ方をしようとしているときでもあった。その子とはほぼ1年続いたが、それはぼくにとって最長記録だった。

マムがポートランドから電話をかけてきて、祖父が末期がんと診断されたことを知らせてくれた。グランパ・ジャックが死んでしまう？　まさか、ありえない。ぼくは物心ついてからずっと、温かくて寛大な祖父を愛しつづけてきたので、彼はこの先も永遠にそばにいてくれるような気がしていた。

「すぐに帰ってこられるわね」マムは言った。「少しはお祖父《じい》さん・お祖母《ばあ》さんと過ごさないと。1週間に1度、いっしょに出かけるとか」

祖父母とぶらぶら過ごす？　もちろん、いい。ただ、スケジュールが……なにしろやるべきことがたくさんある……。でも、誤解しないでほしい。幼いころのぼくにとって、グランマ・ドロシーとグランパ・ジャックは神様みたいな存在だった。だってふたりは、ミッキー・マウスのパンケーキや、キャンディーが隠されている庭や、決して品切れにならない手作りのクッキーの世界に生きていたのだ。それに、昔のことについての笑い話を話してくれたし、ぼくが話すことはみんな気がきいていて重要なことだと思ってくれた。要するに、ぼくを小さな王子様のように扱ってくれた。グランマとグランパの家こそが、この世でいちばん温かく抱きしめてもらえる場所だった。

　ぼくには祖父母は昔からずっと年老いていたように思えたが、いつも生き生きと軽快に動く老人という印象だった。ところが最近は、ふたりがコートを着るのを待つあいだ、ぼくはついイライラして足を小刻みに動かして床をたたいてしまう。ふたりはゆっくりと動き、ぼくはつねに急いでいるのである。グランパがひと口44回かんで昼食をとりながら、亡くなったばかりの幼なじみの話をするのを、2時間じっと座って聞きつづけるのは、正直なところつらい。10ページの期末レポートを書かなければならないときはとくに。

　グランパとグランマは古風で趣があり、やさしいから、ぼくは愛しているのだが、いつからか、ぼくの祖父母への崇敬は我慢に変わってしまった。ぼくがラップトップを買う話をしても、ふたりはいちおう礼儀正しく耳をかたむけてはくれるものの、ぽかんとしている。むろん、ガールフレンドとのトラブルをわかってもらおうとしても、まず無理。ふたりは〝過ぎ去りし時代の産物〟なのだ。ふたりが恋に落ちてから、そう、ほぼ60年が経過しているのではないか。そのときどんな思いで恋をしたのかさえ覚えていないかもしれない。ふたりが生きたのは、ほかに選択肢がないから一生結婚しつづけるという時代だった。夫は外で働き、妻は家にいて、離婚はタブーだった。たとえ出ていきたくなっても、妻にはひとりで食べていく手立てがなかったはずだ。いまは簡単に別れられるようになったから、夫婦は離婚する——群れをなして。祖父母の世代にとっては、結婚は壊すにはあまりにも骨の折れる習慣になってしまっていたようだ。でも、それぞれ違う星に住んでいるようなものだとはいえ、ふたりがぼくの祖父母であることに変わりない。

「もちろん、いいよ、いっしょにどこかへ行くよ」ぼくはマムに約束した。「楽しみだな」どんなことでもそうだが、罪悪感や義務感からやると、本来得られるはずの喜びがこぼれ落ちてしまう。でも、ぼくはまあまあと思えるプランを思いついた。毎週木曜日の朝、ぼくが家まで祖父母を迎えにいき、遠出を楽しむことにしたのだ。まずグランマが前の週に新聞をしっかりチェックして、その週の最高のランチ・スポットを探しだす。そして、新聞の切り抜きを手にして、ぼくたちは車を走らせる。グランマは助手席におさまり、グランパはいかにも自分の人生と仲直りしたというふうに安らかにバックシートに座っている。ぼくたちは2、3時間、車を走らせ、《マイクズ》のパンプキン・ミルクシェイク、《ドゥーガーズ》のクラムチャウダー、《セレンディピティ》の濃厚なチョコレート・ブラウニー・ケーキといった、穴場のごちそうを探す。

びっくりしたことに、ぼくはこうした遠出が楽しくてしかたなくなった。長いドライブが、祖父母のいままで知らなかった側面を学ぶいいチャンスとなった。ふつうなら、よくある邪魔――電話や約束やフットボールの試合――で途切れてしまう会話が、いつまでも続き、ぼくらは未踏の領域まで入っていけた。そうやってぼくは、ふたりの初デートのときの話も聞くことができた。なんと、ふたりで踊っているときにグランマのドレスのボタンが弾け飛び、グランパが勇敢にも、まわりで跳ねるヒールに指を折られる危険をものともせずに、あたふたとフロアをはいまわって、ボタンを全部拾い集めたのだという。グランパはまた、グランマの両親にはじめて会ったときに緊張しすぎて失敗した話もしてくれた――猫が背中をなめていたので、会話のきっかけにと、「わたしもこんなことができたらいいなと思います」と言ったのだが、両親がそちらに目をやったときには、猫は股間をなめていた！

ある爽やかな秋の日、ぼくたちは骨董品屋めぐりをした。グランマにとってはそれがいちばんの気晴らしなのだ。埃っぽい古い家具や小さな装身具にはぼくはまるで興味がなく、しかもそれはその日9軒目の装身具店だった。ぼくはもういいかげんうんざりしてグランパのビュイックを寄せて止め、車から降りるふたりに手を貸した。ぼくがロックしているあいだに、祖父母が先に歩きだした。体を揺らしながら足を擦るようにして店に向かってゆっくりと歩いていくふたりを、ぼくは眺めた。それまでにも何度も見た光景ではあった。でも、その日、その瞬間、何かがぼくを立ち止まらせた。弱々しい指がからまるさまに目がいった。

「へーえ、どういうんだろう」とぼくは思った。「何十年も結婚しているのに、まだ手をつないでいる」

と、突然、ぼくはマヒしたように立ちつくし、ふたりの手から目を離せなくなった。いまでも奇妙としか思えないのだけれど、そのとき、ふたりのあいだに流れる愛のエネルギーが目に見えたのだ。まるで映画の特殊効果のように、ふたりのまわりのすべてが消えてしまい、愛のエネルギーがふたりを中心にしてぐるぐるまわっているのが見えた。ほんの一瞬だったけれど、はっきりと見えたのだ。ぼくは思い出した、真の愛へのあこがれを、わがメイド・マリアンを、自分たちの愛は永遠に続くという信念を。そんな気持ちになれたのは何年ぶりだろう？　永遠の愛を信じられなくなって久しく、そんなものは愚かなアニメのおとぎ話のなかにしかないと、長いあいだ思い込んでいたのだ。いや、あるじゃないか、いまここに、現実に。

胸がわくわくしはじめた。突如、目の前のカップルが、単なる自分の祖父母を超えた特別な存在になったのである。ぼくの目には、ふたりはまさに、挑戦と苦闘の人生をともに旅してきた伴侶と映っていた。しかも、旅の終わりにさしかかったというのに、いまなお互いに夢中になったままなのである。何十年ものあいだそのように愛し合ってきたのだ……。なぜ、いままでぼくはそれに気づかなかったのだろう？　グランパはいまも、にこやかにグランマに微笑みかけながら、近くにいる人たちみんなに聞こえるように、「ほら、わしの妻を見てくれ、きれいだろう？」と言う。グランマのほうも、ぼくが数え切れないほど聞かされたグランパのジョークに、いまだに笑い声をあげる。そして、グランマが部屋に入ってくると、かならずグランパは顔をパッと輝かせる！　涙あふれる目で、ぼくはぼやけたふたりの姿を見つめた。ふたりはあまりにも簡単そうにやってみせてくれる！

でも、ぼくにとっては、そういう姿が世界でいちばん欲しいものの象徴だった。ぼくが何よりも見つけたかったのは、ふたりがいま生きているような愛だったのだ。祖父母は63年も連れ添っているが、しきたりのせいや惰性でいっしょに暮らしつづけているのではない。ジャックとドロシーのマーニーン夫妻は、いまなお深く愛し合うカップルなのである。

「そうか、ぼくが欲しいのは結婚なんだ」ぼくは自分にささやいた。

数カ月後、ぼくの祖父はこの世を去った。グランマもしばらくすると亡き夫のことを話せるようになり、自分の半分が死んでしまったような感じだと打ち明けてくれた。

祖父の死後、ぼくは、ふたりが共有したとってもも大切なものをなんとしても守っていかなければならないというすさまじい欲求にかられた。何百もの問いが頭を駆け抜けた。ぼくの祖父母は例外で、たまたま何十年も幸せな結婚を続けられた唯一のカップルにすぎないのか？　それとも、40年、50年、60年と連れ添う他のカップルもラブラブのままでいられるのか？　もしいられるのなら、どうやってそれほど強固な愛情関係を築き、維持しているのか？　昔々出会ったときに、〝この人〟だと、どうしてわかったのか？　いつか相手を愛せなくなると不安になったことはないのか？　そのうち飽きてしまうと心配になったことは？　いつまでも続く愛情あふれる結婚は、まったくの偶然でしかないのか？　それとも、彼らは愛情関係において、若い世代の大半の者が得られずにいる何かを築きあげることに成功していて、その結果、愛に包まれた〝長寿結婚〟を楽しめるようになったのか？　もしそうなら、それが何なのか知りたい。金婚式になっても、ぼくは妻をめちゃくちゃに愛していたい。年輪を刻んだ妻の顔を見てなお、世界一美しい女だと思いたい。

こうして、祖父母のおかげで終生変わらぬ愛を再び信じられるようになったぼくは、なんとか機会をつくり、ぜひとも、自分で勝手に〈マリッジ・マスター（結婚の達人）〉と呼びはじめた人々を探してアメリカ中を駆けめぐってみたいものだと思った。

〈マリッジ・マスター〉——40年以上、幸せな結婚生活を続けているカップル、驚くべき知恵がぎっしり詰まった人間宝箱。彼らはこう訊かれるのを待っているのだ。ふたりで永遠の愛を築く秘訣は何ですか？

冒険が始まろうとしていた。

ぼくらの世代は、結婚が怖い
——ジェイスンの場合

親友のマットが電話してきて、全国横断冒険旅行をする気はないかと言ったとき、ぼくはくわしいことを訊く前にイエスと答えてしまっていた。〝ザ・マット・アンド・ジェイスン・ショー〟はいつも大成功だったからだ。小学3年のとき、ぼくらの禁煙ポスターは最高賞を獲得したし、6年のときは、マットがサンタクロースに、ぼくがサンタのもっとも信頼する海賊に扮し、大喝采を博した。さらに高校に入って、共同製作したダンテの『神曲・地獄篇』に基づく全感覚刺激・寓意ボードゲーム（粘土の火山、血のようなマグマ、自動スイッチによって不気味なリズムで低く響きつづける音響効果）で、ぼくたちは人文学科のAを楽々と獲得した。ぐずぐずしがちなぼくと、ついバカをやりたがるマットという凸凹コンビでも、自由研究ということになると、なぜか実にうまくいったのだ。そして、いつも共同作業を大いに楽しんだ。

　しかし、老人の真実の愛を探す旅に出かけたいのだとマットに打ち明けられると、ぼくはこらえきれずに噴き出してしまった。ぼくは老人の世界にはうとく、自分とはまったく関係がないような気がしていたので、彼らの結婚に関する助言がとくに役立つとは思えなかった。それに、マットとは違って、ぼくは独身生活を楽しんでいた。身を固める？　いや、遠慮しておきます。いまのままで満足だから。

　だって、50～60年代のテレビ・ホームコメディの主人公夫婦オジーとハリエットみたいな、大恐慌時代を生き抜いた老人たちに、21世紀の男女関係にもあてはまるようなことがはたして言えるだろうか？　ぼくらがいま住んでいるのは、出会い系サイトやら、Eカードやら、平日昼間通話無料分数《エニイタイム・ミニッツ》やら、テキスト・メッセージなんてものが次々に出現する、“クリック”のスピードでめまぐるしく変化するオン・デマンドの世界なんだ。なにしろ、

1世紀前の世代がまる1年かけて処理したよりもさらに多くの情報を24時間で処理してしまうのだ。ご老人たちが、そういう世界に住む者たちにどんな提案ができるというのか？

それに、ぼくは結婚生活というテーマ自体にもたいして関心がもてなかった。大学生のときに女性とまともに付き合ったことがあったが、彼女の心をしたたか傷つけてしまい、それ以来ぼくは女性との真剣な付き合いを再開できずにいた。両親は幸せな結婚生活をいとなんでいたが、まわりにはそうではない人たちもたくさんいて、ぼくは終生の愛などというものをそのまま信じる気にはなれなかったようだ。

いや、ほんとうのことを言えば、ぼくは結婚が怖かったのだ。

結婚を怖がっているのは、ぼくひとりではないと思う。**ぼくと同世代の若者のなかには、結婚生活なんてわずらわしいだけで、頑張って維持するほどのものではないのではないかと思っている者が多い。**そして、そう思う人の数は増えつづけている。さまざまな研究・調査によると、結婚率は毎年下がりつづけているそうだ。その結果、アメリカ史上はじめて、既婚者が少数派になってしまったという。アメリカでは、晩婚がふつうになってしまったのだ。現在、カップルの大半が、結婚する前に同棲というテスト期間をもうけて、〝ほんとうに生涯をともにしたい人なのかどうかを確認し合っている〟——こんなことは50年前はまさに前代未聞のとんでもないことだった。

　でも、そうした統計を無視するかのように、離婚なんてありえない最適の女性を最初から探しつづけているマットをぼくは見てきた。実はぼくだって同じだった。離婚なんてしたくないと思っている。だから、結婚を考える前に、まずは経済的基盤をしっかりさせないとな、と言う友人たちの話にも耳をかたむけてきた。そうすれば、〝世間のあらゆる離婚の〟根本的原因とされている金銭的ないざこざを完全に避けることができるからね、というのが彼らの言いぶんだった。ぼくはそのとおりだとうなずいた。ぼくも同じ言い訳を利用して結婚から逃れようとしていたからだ。「命あるかぎり……」――もっと古いヴァージョンなら「死がふたりを分かつまで……」――という結婚の誓いの言葉を、「ふたりでいられる時が終わるまで……」に替えてしまった新郎の話を、ぼくはどこかで読んだことさえあった。ぼくは社会学者ではないけれど、こういう現実的なふるまいはすべて、ぼくらが結婚を恐れている証拠だと思わずにはいられない。

　ぼくらの世代は、両親に離婚されて直接被害をこうむりながら育つか、親の離縁という難局をなんとか切り抜けようともがく友だちの苦しみを目のあたりにして、結婚の失敗というものにへとへとにされている。それでもやはりぼくは――同世代にもそういう人がたくさんいると思うが――満ち足りたまま一生続くすばらしい結婚を心ひそかに熱望している。ただ、結婚を考えるだけで身がすくみ、努力する気になれない。ミスったらどうしよう、というわけだ。

●《プロジェクト・エバーラスティング》始動！

とはいえ、マットと冒険すると、かならず教えられることがある。幸せな老夫婦を探して老人ホームめぐりをしているあいだに、自分にぴったりの女性に出会えるなんてことはまずなさそうだったが、こんな旅行をしたらさぞや女にもてるようになるのではないか、とは思った。なにしろ独身の若者が全国を旅して、映画『恋人たちの予感』に出てきたような愛し合う老夫婦にインタビューしてまわるのである。きっとぼくはとても愛らしく見え、好感をもたれるにちがいない！　話を聞いた女性は、この人は身を固めたいのね、と勝手に考えてくれ、しばらくはぼくとうまくやっていけるのではないか。

「よし、乗った」ぼくはマットに言った。

ぼくたちは地図を壁に貼り、訪問地に印をつけた。アメリカ中に散らばる25の主要都市、巨大キャンピングカーによる1万2千マイルの旅――それも期間はわずか9週間。ぼくたちはその計画を**《プロジェクト・エバーラスティング（永遠の愛計画）――アメリカ最高の結婚を求めて》**と名づけ、この大胆で独創的なたくらみを祝って、互いに手を高く上げて威勢よく打ち合わせた。

と、すぐに驚くべきことが次々に起こりはじめた。あっというまに、ぼくたちの小冒険がテレビの全国放送で紹介され、ぼくたちがやろうとしている仕事は価値があると思った人たちがスポンサーになってくれ、《プロジェクト・エバーラスティング》への参加を希望する夫婦からその旨を伝える知らせが何千となく舞い込んできた。そして、ぼくたちは旅に出た。

オレゴン州の牛の大放牧場からマンハッタンの超高層ビル内のダンスクラブまで、ぼくたちは**〈マリッジ・マスター（結婚の達人）〉を求めて全国を走りまわり、若い世代からの結婚に関する厳しい質問を容赦なくぶつけた。**

5、6カ月も浮かれ騒げば終わるだろうと思っていた仕事は、結局、4年を要することになり、それはぼくの人生でもっとも意味深い〝目からうろこが落ちる〟歳月となった。それまで自分が高齢者についてたいへんな誤解をしていたことに唖然とした。むろん、しきたりにとらわれていたり都合がよいからという理由だけでいっしょに暮らしつづけ、つまらないことで猛然と言い争う夫婦にも会ったが、彼らとてぼくたちの結婚教育の質を高める役に立ってくれた。そういう人たちにも会ったおかげで、惰性だけでもっている夫婦や、ごまかしてやっていこうとしているだけの夫婦と、心から愛し合っている驚嘆すべき夫婦との決定的な差が、いかなる行動の違いによって生じるのかという点まで解明できたのだ。ぼくたちを感激させる愛のカップルは、相手を尊重し、深く思いやり、苦楽を分かち合うということを鉄則にして、結婚生活をいとなんでおり、いささか古風な感じがあるかもしれないが、そうした価値観を大事にすることでさらに、何十年にもわたって愛する気持ちを維持でき、相手の奇妙な癖やふつうの癖に寛容になれるのだという。若い世代には、こうしたお互いの癖のせいで、簡単に――そして、たぶん不必要に――別れてしまう人たちがたくさんいる。

実は、年齢に関係なく、人間は人間であり、男女の関係も時代によってそう変わるものではない。**相手へのいらだち、舅・姑、収入、頼りなさなど、結婚を壊しかねないあらゆる要素は、実のところ、昔も今もたいして変わっていない。同様に、老夫婦が明かしてくれた、結婚を成功させる原則も、いつの世にも役立つものだ。**要するに、錆びつかず、擦り切れず、枯れず、である。マーク・トウェインが名言を吐いている。「愛ほど速やかに育つものはないように見えるが、実は愛ほどゆっくり育つものはない。四半世紀の結婚を経ぬうちは、男も女も、完全な愛がいかなるものかほんとうに知ることはない」

最初こそマットとぼくのこの計画へのアプローチの仕方にはたいへんな違いがあったけれど、250組以上の〈マリッジ・マスター〉から話を聞いたあとは、ふたりは同じ結論に達した。それは、高齢者の知恵には心を変えさせ、人生を変革させる力がある、ということだ。愛と結婚に関する自分たちの理解が正しい方向へ大きく転換し、深まるのを見て、ぼくたちは、感動を与えてくれた老夫婦から手渡された責任を引き受けることにした。彼らのメッセージや、生涯にわたる愛の遺産を、同じことをひそかに望んでいる人々に伝えることにしたのだ。だからぼくたちはこの本を書いたのである。それぞれのカップルの愛が深まることで、世界の愛が大きくなればいいなと思いつつ。

この本は、総計1万5千年にものぼる愛情あふれる結婚から生まれた。ぼくたちは、自分たちの知恵や誠実さや弱さを快く明かしてくれたご夫婦に感謝している。なかには、ぼくたちに話を聞かせるために、何時間も車を運転して来てくださった方々もいる。「わたしたちの話が役立って、ほかの人たちも、結婚からわたしたちが授かった喜びを見つけられたらいいね」と言われた方もいる。

アインシュタインは、新しい考え方を教えられて拡大した頭脳はもう決して元のサイズには戻らない、と言っている。マットとぼくは、4年間《プロジェクト・エバーラスティング》にたずさわって、アインシュタインのこの言葉は心にもあてはまることを知った。〈マリッジ・マスター〉たちの愛の遺産は、すでにぼくたちの心を拡大しはじめている。彼らのメッセージが、あなたの心をもふるわせ、広げるのを、ぼくたちは願ってやまない。

1

〝運命の人〟だと、どうしてわかったのですか？

エルマー夫妻（P47）

アーガイルとマルタ ◎シルトネヒト夫妻（P48〜）

バッドとジューン ◎ホッジ夫妻（P61〜）

●ジェイスンの悩み●

この人だと確信しては、ヘマをする。その繰り返し？

数カ月かけて話し合い、調査し、計画を練り、旅の準備をしたあと、ぼくたちはついにキャンピングカーに乗り込み、《アメリカ最高の結婚を求めて》という一世一代の大冒険に出発しようとしていた。

ロサンゼルスの地元地区から出発したとき、マットとぼくは興奮で顔をきらきら輝かせ、満面の笑みを交わし合った。出発前にぼくはマットの両肩をつかみ、「おれたち、ほんとうに出発してしまったな、えっ、ボグジー！」と叫んだが、いままた突然そうしたい衝動に駆られ、なんとか笑みを交わすだけで、その欲求を抑え込んだというわけだった。ぼくたちはちょうど、喜劇映画『ダム・アンド・ダマー』のなかでコロラド州アスペンへ向かうハリーとロイドみたいだった。ただ、向こうのふたりは互いにしがみついてミニバイクに2人乗りしての旅だったが、こちらは文字どおり〝走る居間〟での旅だ。知恵袋のチーフ・ナビゲーターにして身内の〈マリッジ・マスター〉（結婚の達人）〉でもあるドロシーお祖母《ばあ》ちゃんが、旅の途中で読む本があったほうがいいんじゃないかしら、と言いだした

（このときはまだぼくたちも、この旅が、眠る時間はなんとかとれるものの、のんびり読書するなんてとんでもない、というくらい忙しいものになろうとは、思ってもいなかった）。そこで、この全国ツアーも2・5マイル走ったところで最初の休憩となり、ぼくたちは書店に入った。

店内でぼくは、フォークナーとかドストエフスキーとか、純文学でも探そうと、棚に忙しく目を走らせたが、いや待てよ、ええと、そういえば、キスに最適な50の場所をアメリカ中から選びだして紹介するロマンチック・トラベルガイドなるものがあって、ずいぶん評判がよかったな、なんて、つまらないことを思い出してしまった。で、その本のナイアガラの滝に目をやったちょうどそのとき、マットがちょっと息を切らしながら角をくるっとまわって急いでやってきた。

「すごい、偶然幸運発見力《セレンディピティ》とはこのことだ」マットは自信ありげに重々しくうなずいた。

「どうも彼女を見つけてしまったようなのだ」

「だれ？」ぼくはその偶然発見された宝物の女性を見ようと、店内に目を走らせた。「どこ？」

「まだ話もしていないんだけど、すばらしい女性なんだ」マットはだだっ広い書店の向こう側にある雑誌売り場のほうへ熱い視線を投げた。「彼女こそ、ぼくの〝この人〟かもしれない」

小学3年生のとき以来、ぼくはマットの〝未来の妻を見つけてしまったようだ〟事件に少なくとも100回は立ち会ってきたが、彼が未来の妻を〝マット流で口説く〟のを見物するのは、いまなお見て損のないわくわくすることだった。だからぼくは「付き添いが必要かい？」と訊いた。

「来てくれ」マットは手招きした。

マットの新しい女神のほうへ向かう途中、ぼくはあらためてわが友のいささか滑稽な大望に感嘆せざるをえなかった。おかしかったのは、妻を見つけたいという彼の熱望ではない——だって、たとえば、5年か10年のうちに特別な人に出会えたらいいな、というくらいの望みなら、だれだってもっているからね。ぼくがちょっと笑いたくなったのは、愛妻探しで『セレンディピティ』や『ビフォア・サンライズ　恋人までの距離』といった映画のシーンをなんとしても再現したいという、いかれた執念のほうだ。〝パーティーで会った〟とか〝共通の友人が引き合わせてくれた〟とか、そういうありふれた出会いではマットは満足できないのである。彼には、エベレスト山頂での邂逅《かいこう》が必要なのだ。信じられないような状況や魔法さながらの偶然が、重大きわまる感情的体験が、必要なのである。要するにマットは、妻以上のものを欲しがっているのだ。そう、真実のラブストーリーが欲しいのだ。

いっしょに女神へと近づくあいだ、ぼくはマットを観察した。おそらく彼は、こっそり彼女をレンブラント風に頭のなかに記録しているのではないか。たぶん、彼女の黒っぽい髪は書店の蛍光灯のやわらかな光を浴びてしっとりと浮かび上がり、目は無垢と情熱を同時に宿し……といったところだろう。そして、マットのことだから、孫たちにこうしたことまでくわしく語って聞かせれば、きっと感激する、なんてことまで想像しているかもしれない。

「おお、すごい、すばらしい」マットは狂喜した。「そら、そこに……」

いや、たしかに、彼女は極上の美女で、完全にマット好みの女性だと認めざるをえなかった。肌はすべすべし、化粧も完璧。なにかこう内側から輝いているようなところがあり、歯もきれいにそろっている。マットにとってはちょっとおとなしすぎやしないかと思えなくもなかったが、なぜ彼がこの顔だけに魅惑され、5ドル95セントを払う気になったか、ぼくにはよくわかった。

「わが最良のパートナー。彼女とぼくは宇宙的な縁で結ばれているんだ」マットは完全に信じきっている口調で言い、《花嫁と花婿《ブライド・アンド・グルーム》》誌の3月号の表紙をぽんぽんとたたいた。「彼女を見つけないと」

妻探しでは救いがたいほど非現実的なおバカさんであるわが親友は、一にも二にも美人という女性に惚れたがるのである。そして三には、いい匂いがしないといけない。つまり、〝わたしいま、あなたのためにヴィクトリアズ・シークレットのローションを5本ほど体に塗りたくったわ〟というくらい、いい匂いをぷんぷんさせた、よだれが出るほどおいしそうな女性でないといけないというわけだ。そりゃまあ、ほとんどの人が異性に惹かれる際に重要となる優先ポイントをある程度もっている。だが、マットの愛情関係の宇宙では、あっと驚くほどの美しさがひたすら重要なのであり、それが太陽であり、月であり、星々なのである。

いつも美人を見ながらディナーをとりたいとか、ソファで映画を観るときはいい匂いのする人にすり寄られたいとか、そういうことが目的なら、マットのやり方も大成功するかもしれない。けれど、マット・ボッグズの場合は、ガールフレンドと長続きしたためしがない。今回も、ほかの雑誌を開いたら、もうそれでおしまい、なんてことになりかねない。

お互いにあらゆる面をさらけ出して徹底的に探り合い理解し合う、長期間続く関係を築くには、マットの〝美しければいい〟というやり方ではうまくいかない。美女の魅力もそれのみでは、一時しのぎのバンドエイドにも似て、3カ月もすればはがれ落ちてしまい、その時点でマットも、美しさに惹かれただけではうまくやっていけないことに気づく。彼はとまどい、なぜもう心がはずまず楽しくないのだろうかと悩みはじめ、いきなり彼女に不意打ちをくらわせ、別れようとする。彼女のほうは、あまりの突然さに、なぜ彼が別れたがっているのかもわからない。実は、それは彼のほうも同じで、「もう前のようには感じられない」くらいのことしかわからない。数週間いろいろ考え、徹底的に分析してみるのだが、たどり着く結論はいつも同じ、彼女はもともと自分の〝この人〟ではなかったのだ、というもの。そしてマットは考える——とすると、自分とめぐりあうことになっている生涯の伴侶はまだどこかにいるのだ。彼女はいまなお幸運の甘いシロップのなかで辛抱強く泳ぎつづけ、マットが偶然そのプールのなかによろめき落ちて出会うのを待っている、というわけである。こうして最初に戻り、同じパターンが繰り返される——たちの悪い悪循環。

たしかにマット流の付き合い方にはいささか欠陥がある。では、ぼく自身はどうかというと、まさに愚か、それ以外のなにものでもない。未来の妻を選ぶ際、ぼくが最優先するのは美しさではなく（ほんとうかどうかは議論の余地があり）、スペリング能力なのだ。そう、そのとおり、単語を正確に綴れるかどうかということ。マットは匂い《スメリング》を、ぼくはスペリングを、しっかり調べるというわけだ。綴りを勝手にでっちあげることなく、単語をきちんと綴れる女の子に、ぼくはほんとうにメロメロになってしまうのだ。

ただ、ぼくがこの美しい辞書《ウェブスターズ》クイーンを探しだすのに用いる戦略は、かなり込み入っている。ふつうのやり方ではなく、もっと先を見越した手を使って、彼女のほうからこちらにやってくるように仕向け、デートに誘いだすのである。といっても、ハエジゴクのように怠惰に寝そべって獲物がやってくるのを待っているわけではない。逆に、たいへんな努力をして、独創的な罠《わな》を念入りにつくりあげるのだ。たとえば、ブログ上で漫画シリーズ『バニー・ワウとの冒険』や仮想恋愛シーンを公開したりして。

ぼくのもくろみはこうだ。どこかのうるわしい女性がぼくのブログを見て、エサに食いつき、反応を示す。つまり、ぼくにメールを送る。そして、スペリングが完璧だったので、ぼくたちは結婚する。むろん、いまのところ、この戦略は期待したほどの成果をあげていない。

というわけで、マットとぼくがいまだに独身であるということには何の不思議もない。だが、〈マリッジ・マスター〉たちは不思議がった。ぼくがインタビューした人たちの多くは、結婚に関する質問をいやというほど浴びせられたあと、ぼくの個人的な女性関係をちょっと探らずにはいられなくなった。

「特別な女性はいないのかい、ジェイスン?」

「いません。正真正銘の独身です」

「いくつなんだね、きみ?」

「28です」

「わからんな。なかなかいい顔をしているし、背だって高い。なぜ結婚せずにいるんだね?」

「それがその、ここのところしばらく結婚しようと努力しているのですが、なにしろ……(ここに〝今月の言い逃れ〟を差し挟む)という問題がありまして……」

マットのお気に入りの言い訳は「いまは結婚について学ぶのに忙しくて結婚できないのです」というもので、ぼくのほうはもっと独りよがりに「最近は、結婚を大切と思う女性がどうもいないんですよね!」なんて言ったりする。

●価値観、宗教、外見、そして〝宇宙的な縁〟

オーケー。結婚のエキスパートたちのほうは、もっと誠実に答えてくれているはずである。そうでないなんて、ありえない、ありえない。

ほんとうのことを言えば、ぼくたちだって、自分たちが求めてきた基準をすべて満たした女性と付き合ってきたのだ――いつだって、そのときは、末永くうまくいくと確信したのである。ところが、ボールをつかみそこねるようなヘマをする。そういう苦い経験を繰り返したせいで、〈どうすれば〝この人〟だとわかるのか?〉という質問が自然と浮かびあがってきた。出会い方はどうでもよい。**問題は、どうして〝この人〟だとわかるのか、だ。**

しかし、ぼくたちがインタビューした人たちのなかにも、はじめて会ったその夜に婚約してしまった――まさに宇宙的な縁――カップルもいれば、5年かけてふたりの関係をあらゆる角度から検討したのちに結婚したカップルもいた。成功を導くあるひとつの公式があるわけではないのである。

だから、ぼくたちが得た答えはほんとうにいろいろで、しかも――そのすべてがすばらしいものだった。といっても、この人こそ生涯の伴侶と気づくのにある程度役立つ要領のようなものをいくつか聞くことはできた。

たとえば、**同じ価値観をもつ人を探すこと。**とくに家族や金銭に関する価値観が同じでないと困ったことになる。もし夫が家族との時間を何よりも大事にしたいと考え、妻がそれよりもお金を稼ぐことに魅せられているとしたら、そのうち何らかの大問題がかならず起こる。同様に、妻の夢が元気のいい男の子と裏庭でボール遊びをすることで、夫が静かな家庭生活を息子に破壊される悪夢に怯《おび》えているとしたら、そのうち面倒なことになりかねない。〈マリッジ・マスター〉たちはみな、結婚前にこうしたそれぞれの優先事項を充分に話し合うことを勧める――彼らのなかにも、結婚後その重要性をずいぶん苦労して学んだ人たちがいた。

また、**宗教がとても大切なら、同じ宗教やスピリチュアルな信念をもつ人と結婚すべきだ。**結婚するときは、そうではなくても大丈夫のように思えるかもしれない――たとえ互いに考え方が違っても、それを受け入れるのはたいしたことではないように思えてしまう。しかし、そのうち子供もできる。宗教が違うからといって、かならずしも結婚が破綻《はたん》するわけではないが――ぼくたちは、最初から宗教が違い、いまなおうまくやっている〈マリッジ・マスター〉にもたくさん会った――ある時点で、それが悩みの種になったり諍《いさか》いのもとになったりするようだ。そして、たいていの場合、結局はどちらかが相手の宗教に改宗して問題を解決する。

「美貌がすべてではない」とは、だれもが耳にたこができるほど聞かされる言葉だ、とくに母親から。それでも美貌は、異性選びのチェック項目のトップに居座りつづけている。うまい言い方かどうかわからないが……肉体の盛りをとうに越した人々への何百回ものインタビューが、「美貌は絶対にすべてではない」ということをいちばんよく教えてくれる。年をへるに従って美しくなっていくグランマやグランパもなかにはいるが、ほとんどの者は年とともに美貌を失う。では、重力の不思議な力にあらがえずに肉体がたれさがりはじめたとき、**美貌に取って代わるものは何か？　それは、友情。**だから、見つけるべきは、笑わせてくれる人。何時間もぶっつづけで話し合える人。すっかりリラックスして自分のことも話して聞かせられる人。**いちばん醜いときの自分でも愛してくれるとわかっている人。**心だって体に負けず劣らずステキな人。興味や関心を共有できる人。どこまでも信頼できる人。そのような友。

さて、〝宇宙的な縁〟とか言っていたわが相方の、その縁の結末も話しておかねばならない。マットがロサンゼルスの書店で例の表紙の女性を指さしてから2カ月後、ぼくたちがインタビューをしにオレゴンのドリス・エルマーの家に入っていったときのことだ。なんと、なんと、コーヒーテーブルの上にその問題の雑誌がおかれていたのである。

「おい、わが彼女だぜ！」マットがぼくに言う。「いやあ、なんたる偶然！」

するとドリスが甲高い声で「そうそう、それは孫娘よ。きれいでしょう？」と言う。そのときのぼくの驚きは、みなさんにも容易に想像できるはずだ。しかし、マットが『セレンディピティ』の現実版リメークの脚本を頭のなかで書きだすよりも前に、ドリスは悪いニュースも伝えた。「ごめんなさい、この娘《こ》は婚約しちゃったわ」

それでは、調査を続行しつつ、まずは、40年以上も前に自分たちが探し求めていたものをしっかりと見つけた2組のカップルを紹介しよう。

言葉の壁さえ超えるもの

――アーガイルとマルタ◎シルトネヒト夫妻（結婚歴57年）

未来の夫をはじめて見たときマルタは、映画スターみたい――好みのタイプじゃないけどね、と思った。それは1949年、ハリウッドでのこと。アパートメントの玄関口に立ち、こちらに男っぽい苦味のある横顔を向けて、にっこり微笑んでいたその男は、どちらかというとヒュー・ダウンズ風だった。ブラウンのスーツに同色のネクタイという粋な服装で、たしかに美男ではあったけれど、クラーク・ゲーブルのタイプでは絶対になかった。

アーガイルのほうは、マルタを見た瞬間、心がときめいた。体にぴったりフィットした青草色のシルクのシース・スカート、膝までのすそからのぞくペチコート。豹柄のジャケット。まるで別世界の住人ででもあるかのようなエキゾチックな黒い瞳。〈すごい、まいった！〉とアーガイルは思った。するとマルタが「ハロー」と言った。そのひと言だけ。ほかには何も言わない。〈なんてお高くとまった女だ！〉とアーガイルは思った。そのときはまだ、マルタがしゃべれる英語はハローだけだなんて思ってもみなかった。アーガイルは、このメキシコシティからの訪問者が別の男との結婚のため嫁入り道具を買いにはるばるカリフォルニアまでやってきたことも、彼女がその男との婚約を解消したばかりであることも知らなかった。ましてや、彼女がその夜のダブル・デートを承知したのは、ただただ、映画スターの家のそばをドライブできるかもしれないという期待からだったなんて、知るわけもない。

50年以上も続く至福の結婚を暗示するような幸先のよい出会いとは言えなかったが、その日はじめて顔を合わせるブラインド・デートにしては決して悪いスタートではなかった。

マルタは21歳、解消した婚約の相手は数歳上のフェルナンドだった。ふたりとも同じような生活環境で育った。メキシコシティに住むマルタの母親は、雇ったふたりのメイドにシーツ替えもアイロンがけも料理もやらせていた。マルタがピアノの練習をしていると、メイドがしっかり冷えた水をグラスに入れて運んできてくれさえする。フェルナンドの父親はもっと裕福で、新婚の息子夫婦を自分の大邸宅に住まわせることに決めていた。父も息子もマルタの音楽的才能を誇りに思っていたが、彼女がいつかコンサート・ピアニストになりたいという夢を打ち明けると、フェルナンドは「そんな夢は捨てろ」と言下に言いはなった。

そんなとき、家族ぐるみの友人が、母親のレフヒオといっしょにロサンゼルスに来て嫁入り道具選びをしたらどうかと誘ってくれた。ビヴァリーヒルズでドレスやランジェリーを買う生涯忘れられないショッピングができるわよと、その友人の女性は結婚を控えた若い娘に約束した。マルタは待ちきれなくなった。

そして、ロサンゼルスでショッピングをしていたある午後、マルタは自分が結婚そのものよりも服に心をときめかせていることに気づく。シーツ、テーブルクロスなどリネン類は、すでにフェルナンドが選び、刺繍をさせた。マルタにはそれこそ刺繍のひと針ほどの選択権もなかった。婚約中のアメリカ人カップルに会って、マルタは、男と女がいっしょになっていろいろ決めているさまに驚嘆した。不意にマルタは愛がどういうものか知った。愛と愛ではないものの区別もつくようになった。〈わたし、何をしているのかしら？　あの人を愛してなんかいないわ〉と彼女は思った。育ちしか共通点のない男にこの先死ぬまで支配されて生きていくなんて真っ平だわ。母の許可を得てから、マルタはその日のうちにメキシコシティに電報を打った。

アーガイルは、マルタの元婚約者とは似ても似つかない男だった。おしゃべりは他の者たちにまかせる寡黙な男で、おまけに彼のスペイン語はマルタの英語といい勝負だった。ミズーリ州生まれのアーガイルは、旧友のバールにロサンゼルスに来いよと誘われた。LAに着いたときポケットには20ドルしかなかったが、すぐにロングビーチにあるゼネラルモーターズの組立工場で働けるようになった。バールのガールフレンドのドーラが住んでいた団地に、たまたまマルタが滞在していたアパートメントもあって、バールとドーラはダブル・デートを計画した。だが、なぜか〝縁結び〟たちは、どちらも相手の言葉をしゃべれないという事実を当人たちに伝えるのを怠った。だから、マルタがアーガイルに「ハロー」と言ったきり黙ってしまうと、バイリンガルのドーラがふたりのなかに入って通訳を始めた。それでやっとアーガイルは、デート相手が〝つんつんしている〟のではないことを知る。しかし、簡単な会話ひとつ交わせないで、いったいどうやってひと晩もたせればいいのか？

4人はウエスト・ハリウッドのサンセット・ストリップから少しはずれたところにある熱帯をテーマにしたザンボアンガ・クラブに向かった。生まれつき話し好きのマルタは、ひと言もしゃべらずに座っているのが苦痛で、いらいらしてきた。ああ、もう、いつものようにおしゃべりしたい！　でも、これではどうすることもできない。〈いや、ちょっと待って〉とマルタは思った。〈どうすればいいかわかったわ〉祖国《くに》ではバスや列車や車に乗ったらだれもがかならず実行する、あの大好きな習慣でこの空虚を満たせばいいのよ。

何の前ぶれもなしに、マルタはいきなり唄を歌いだした。彼女の豊かな声が車内に満ちた。マルタはクラブに着くまでずっと、お気に入りのメキシコの唄を歌いつづけた。アーガイルはびっくり仰天し、ただ黙って座っていることしかできなかった。〈ミズーリの女の子とは違う〉と彼は思った。〈ぜんぜん違う〉

同時にアーガイルは、デート相手の歌声に魅了されずにはいられなかった。歌詞はひと言も理解できなかったけれど、うっとりと聴き惚れた。彼はこれほどのびのびとして屈託なく、大胆で、元気のいい女に会ったことがなかった。〈かわいくてエキゾチックな女〉とアーガイルは心のなかでつぶやいた。

クラブにもアーガイルは驚かされた。どこもかしこも南洋風で、肢体をゆるやかにくねらせて踊るダンサーがたくさんいたからだ。〈まいったな！　おれはスクエアダンスしか知らんぞ〉と彼は思った。ルンバ・タイムになって、マルタにリードされた。アーガイルはまたしてもあっけにとられ、〈意志の強いはっきりした女性だ〉と思った。

帰りの車のなか、アーガイルはさりげなくマルタの膝に手をおいたが、平手打ちをくらってしまった。これには通訳は必要なかった。

次の週アーガイルは、マルタに観光スポットを見せてまわった。通訳のドーラと付き添いのマルタの母親もいっしょだった。マリブービーチ、グローマンズ・チャイニーズ・シアターを訪れ、地図を手にしてハリウッドのスターたちが住む通りを見てまわった。〈いまわたし、映画スターたちと同じ空気を吸っているんだわ〉とマルタは心のなかで言いつづけた。

翌週、マルタとアーガイル、ドーラとバール、マルタの母親、それに他の友人グループも加わって、200キロほど南のサンディエゴまで足を伸ばした。そして、メキシコのバハ・カリフォルニアにある、太平洋を見渡せるロサリト・ビーチ・ホテルで昼食をとった。食堂ではオーケストラが演奏していて、楽団が休憩に入ったとき、友だちがマルタにピアノを弾いてとせがんだ。マルタが弾いたタンゴの名曲《ジェラシー》を聴いて、アーガイルは〈この女はすごすぎる〉と心のなかで感嘆した。客がいっせいに喝采しはじめると、彼はこの才能豊かな美しい女性と付き合っていることが誇らしくてたまらなくなった。だが、いつまで付き合っていられるのか？　2、3週間もしたら、マルタはメキシコに帰ってしまうのだ。そしてそこには、きっとまだ彼女を待っているフェルナンドがいる。こんな女を手ばなせる男なんていやしない。

翌日、一行はロサンゼルスに戻る前にラ・ホーヤでひと休みした。太平洋を見晴らす公園で、アーガイルはブランケットを広げ、つつましく少し離れてマルタと座った。彼はマルタをメキシコに帰したくなかった。しかし、どうすればいいというのか？ アーガイルには、らせん綴じの手帳を上着のポケットに入れておくという習慣があった。彼はブランケットに座ったまま、手帳と鉛筆をとりだし、なにやら描きはじめた。

海のかなたで輝く太陽が、波をきらめかせている。〈あらステキじゃない、海をスケッチしているのね〉とマルタは思った。だがアーガイルが描いていた絵は、マルタがこれまでに見たどんなビーチにも似ていなかった。十字架がひとつある。これは……教会かしら？

アーガイルは自分にもよくわからない直感に従っていた。32歳で結婚というのが、これまでの計画だった。つまり、あと8年は結婚しないつもりだった。32になれば経済的安定を得られる、と考えていたのだ。ともかく、自分のプロポーズの具体的な場面を思い浮かべたことなど一度もなかったが、それが通訳を介したものでないことだけは確かだった。〈こうなったら、やるだけだ〉とアーガイルは思った。そして、女を1人描いた。頭には滝状のレースのヴェール。手には花束をにぎっている。次にアーガイルはタキシードを着た男を1人描いた。波の音が聞こえなくなるほど心臓が高鳴った。〈どうか理解してくれますように〉彼は祈った。

アーガイルは絵の花嫁を指さし、次いでマルタを指さした。〈ちょっととまどっているようだぞ〉と彼は思った。大きく息を吸い、吐いた。そして、花婿を指さし、自分を指さす。それからマルタのほうを向いた。さあ、このプロポーズを受け入れてくれるか？

マルタはこらえきれずに噴き出した。〈この人、いかれているわ！〉そう思った。

だが、アーガイルは思いとどまりはしない。彼はドーラにきっぱりと言った。「マルタの母親に知らせてくれ、ぼくが娘さんに結婚を申し込もうとしていると。それもすぐに申し込むと」次の日の夜、アーガイルはもう一人のバイリンガルの友マリアに通訳を頼んで、母親のレフヒオのところへ話しにいき、懇願した。むろん、レフヒオは事を急《せ》く必要はないとつっぱねる——マルタはメキシコに帰らないといけないの、まずは文通したらどうかしら？　ふだんはおとなしく、愛想のよいアーガイルも、このときばかりは断固として拒否した。マルタと遠く離れるなんて、とても耐えられなかったからだ。それにフェルナンドという元婚約者がどうしても信用できない。

結局マリアが、娘さんは王女のように扱われるのだと言ってレフヒオを納得させ、マルタにはアメリカの結婚を総天然色映画のように描いてみせた。「週末にはかならず踊りにいけるのよ」とマリアは請け合った。映画のような生活を思い描き、マルタはイエスと言った。

1週間後、10人の参列者の前で、マルタとアーガイルは夫婦となった。バイリンガルの司祭がマルタのほうを、次いでアーガイルのほうを向き、それぞれスペイン語と英語で結婚式をとり行った。

2日後、マルタはヴィザの更新のためメキシコへ戻り、アーガイルはロサンゼルスでアパートメント探しを始めた。すばらしい部屋を見つけた、とアーガイルは手紙に書き、メキシコシティのマルタの友だちがそれを翻訳した。「とってもステキなアパートメントで、居間、食堂、寝室、化粧室があるって書いてあるわ」と、その友だちは言った。マルタは早く新しい生活を始めたくて待ちきれなくなった。

●「嘆くのはやめた」

アーガイルは目を閉じてと言ってから、花嫁を抱いて敷居をまたいだ。

だが、マルタが目を開くと、そこには信じられない光景があった。〈わたし、こんなと

ころで暮らすの？〉と彼女は思った。〈まさか！〉

頭のなかにあった豪華な住まいが、一瞬のうちに狭いワンルーム・アパートメントに変わってしまった。しかも、すみに古いソファと椅子があり、別のすみにヘッドボードのないベッドがあるだけ。マルタはヘッドボードのないベッドなんて見たことがなかった。ベッドから2、3フィート離れたところに丸いテーブルが1脚おかれている――どうやらそれが食堂のようだった。キッチンの窓から暗い路地をのぞくと、ゴミ袋があふれ出ている金属製ゴミ容器《ダンプスター》が見えた。

マルタはメキシコシティの実家を思い出さずにはいられなかった。実家では毎夜メイドがベッドを整えてくれ、ナイトテーブルに新鮮な水をおいていってくれるのだ。マルタは家事をしたこともなかった。はじめてアイロンがけに挑んだときには泣いてしまった。夫のブルージーンズのしわをどうしても伸ばせなかったからだ。住み込みの通訳がいないのでは、会話もままならない。マルタが思い描いていた映画のような新婚生活は、まさに淡雪のように見るまに解けて消えた。

それでも、いい人と結婚したとわかっていた。まもなくマルタは、それまであたりまえと思っていた贅沢ができなくなったことを嘆くのをやめた。残り物のチキンとトマトですばやく作ったグルメ・スープを、アーガイルは絶賛してくれた。日曜日には、ふたりで公園へピクニックに出かけ、35セントで2本立て映画を観るという〝贅沢〟をした。アーガイルはやさしく、親切で、辛抱強かった。彼はマルタを愛しきっていた。アイロンがけも手伝った。あるときマルタは手の込んだケーキを焼いて夫を驚かせることにした。レシピにはコーンスターチが必要とあり、いまだ英語がおぼつかないマルタはまちがえて洗濯用のスターチ（のり）を使ってしまった。いざ切る段になって、アーガイルは懸命に努力したが、ナイフはどうしてものりづけのケーキのなかに入ってくれない。「いいじゃないか」と彼は妻に言い、見た目の美しさをほめた。結婚からまる1年間、アーガイルは毎日マルタを抱いてアパートメントの敷居をまたぎつづけた。

マルタは深く愛されているのを感じていた。毎朝目を覚ましてまっ先に夫の顔を見ると、はかり知れない喜びに満たされた。マルタの場合、アーガイルとは違って、〈そう、この人よ！〉という突然の直感に打たれたことはなかった。自分の幸せに徐々に気づいていったのだ。一生ともに手をとり合って暮らしていく夫が人生でいちばん大切なものになった。

60年近くたっても、いまだにふたりは、最初のデートのことでからかい合う。きみはもっと愛想よくすべきだったな、とアーガイルが言うと、「わたしにどうしてほしかったの？　両腕を広げてあなたを抱きしめ、『ハロー、アメリカの恋人！』とでも言ってほしかったわけ？」とマルタは笑う。

「わたしはとても不純な理由から結婚したの」とマルタはアーガイルに身をすり寄せながら認めた。「いまから考えると、とんでもないことをしたものね。一度子供たちに、同じことをしたら殺すからね、と言ったことがあるわ。でも、わたしたちには愛があった。**同じ言葉はしゃべれなかったけど、愛のコミュニケーションがあったの**」

どうして自分の伴侶はこの人だとわかったのかという質問に対して、アーガイルはこう答えた。「**マルタには何かこうピンとくるものを感じたんだ。見た瞬間、ドカーンときて、わかっちゃったんだ**。直感に打たれるというのはあるものだね。幸い、少し時間はかかったけれど、マルタが生まれ育った文化にも、彼女の家族の価値観にも、彼女自身の信仰や信念にも惚れることができた」

マルタがロサリト・ビーチ・ホテルで弾いた《ジェラシー》が、ふたりのテーマソングになった。マルタは《ジェラシー》のＣＤをかけるのが好きで、ふたりはいまでも居間で曲に合わせて踊る。相変わらずリードするのはマルタだが、アーガイルは気にしない。

ときどきマルタはからかい半分に夫に訊く。「なんでこんなに愛してくれるの？」

「きみがかけがえのない人だからさ」と夫は答える。

「もっとおしとやかな人のほうがいいと思うことはない？」

「いや、いまのままのきみが好きなんだ」

マルタのほうはどうか？　彼女はたとえ世界中のクラーク・ゲーブルとのトレードを提案されても、夫を手ばなす気はない。

〝心のなかの声なき声〟が引き寄せた

――バッドとジューン◎ホッジ夫妻（結婚歴51年）

バッドがカリフォルニア州ウォールナット・クリークのいとこの家に着いたときにはもう日がとっぷりと暮れていた。5時間も車を運転してきたので、早く裏庭のプールでひと泳ぎしたかった。引き戸をあけると、プールの照明を受けて冷たそうに青く光る水が見え、ぼやっとした光輪に包まれた女性の体がひとつ、水中を深いほうに向かってすべっていくのが目に入った。「あれは友だちのジューン」と、いとこが言う。

バッドはためらわなかった。〈なんてキュートな体なんだ〉と思った瞬間、もう彼女のほうへ飛び込んでいた。頭と頭があやうくぶつかりそうになった。バッドは泳ぐときも目をあける習慣だったので、騒ぎ立つ水の向こうに、ぎょっとしているかわいらしい顔をどうにか見ることができた。

ジューンは何かが水中に落ちるすさまじい衝撃を感じたが、よく見えず、何が起こったのかわからなかった。〈いったいなんなのよ……〉と思いながら水面に顔を出した。〈あら、ステキな人。とっても キュートだわ〉

「こんばんは」彼女は言った。「あなたはどなた？」

その晩、ふたりはプールサイドでコークを飲み、プレッツェルをつまみながら、楽しいひとときを過ごした。バッドのいとこのサンドラはジューンの親友だった。「彼とはかかわりにならないほうがいいわよ」とサンドラが注意をうながすと、ジューンは「思いどおりにできる女の子がいっぱいいいそうね」と肩をすくめた。心配することなんてまったくない。だって、バッドは20歳で、はるか遠方のサンディエゴの海軍基地から休暇をもらってやってきたのであり、ジューンのほうは秋にラファイエットのアカラネス高校の2年生になるのだから。たぶんもうこの人に会うことさえないわ、とジューンは思った。

2年後、バッドはカリフォルニア北部に住むいとこのサンドラのもとを再び訪れた。「今夜の映画にはジューンも来るわよ」とサンドラは言った。そりゃ楽しみだ、とバッドは思った。ただ、あの背が5フィート（約150センチ）しかない元気いっぱいの女の子のことはときどき思い出しはしたが、まだ子供でしかないという気持ちしかなかった。それに、サンディエゴにはお楽しみがたくさんあり、とくに若い女はいろいろなタイプがそろっていて、退屈する暇もない。会ってみると、ジューンは高校を卒業したばかりで、ちょっと大人っぽくなっていたが、その夜の映画はデートと思えるようなものではなかった。しっかり付き添い役になっているサンドラがいっしょだったからだ。

その年の秋、ジューンはカリフォルニア大学バークリー校に入学し、バッドは海軍から命令を受けて極東へ向かうことになった。そこで彼は最後の週末を過ごしに再び北へ向かうことにし、ダブル・デートをしないかと提案した。たとえば、アラメダ海軍航空基地のオフィサーズ・クラブでディナーとダンスを楽しむとか。いとこが海軍中尉なので、いっしょにデートすれば、オフィサーズ・クラブに入ることができる。「あのジューンという娘を誘えないかな？ 彼女の電話番号を教えてもらえないだろうか？」とバッドはサンドラに言った。

バッドはその晩ずっとジューンから目を離せなかった。彼女はどこまでも明るく、はじけるように生き生きとしていた。ダンスのときも、背丈の差が1フィート以上もあり、バッドはときどきジューンに足を踏まれたにもかかわらず、彼女を抱いているのがこの世でいちばん自然なことのように感じられた。ジューンのほうも、バッドが言うことすべてに笑い声をあげた。なんでこんなに楽しいのかしら、信じられない、と彼女は思った。大学に入って、女子寮に住んでいるというのに、こんな楽しい経験したことない！ 今夜はわたしの18回目の誕生日、ここは大人のムードのオフィサーズ・クラブ、しかもそばにはスポーツ・ジャケットにアイロンのかかったスラックスという粋な服装のハンサムな男の人がいる。寮のみんなに話すのが楽しみだわ！

バッドは女子寮のクラブ会館までジューンを送っていき、おやすみのキスをした。彼は足の指が丸まるのを感じた。

「明日、ぼくは船に乗って行ってしまう」バッドはジューンに思い出させた。「きみに手紙を書きたい。いいかい？」

「いいわ」ジューンは考えながら答えた。「もちろん」

バッド・ホッジはアメリカ海軍艦船〈モンタギュー〉では下級艦員で、航海日誌を担当し、仕事場で寝た。毎夜、航海日誌を仕上げると、バッドはタイプライターに新しい紙を挟んで、書きはじめる。たとえば「親愛なるジューン。今日ぼくたちは国際日付変更線を越えました。ぼくは一生懸命働いています……」あるいは「親愛なるジューン。今日ぼくたちはショーを観ました。……きみからの便りを楽しみにしています」最初、バッドは結びの言葉をどうするかで悩んだが、〈いつかは始めなければならない〉と考え、それぞれの手紙の最後に「愛を込めて、バッド」とサインした。日本までの航海は18日におよび、バッドは毎日ジューンへの手紙を書きつづけたので、〈モンタギュー〉が日本の港に入ったときには封筒の立派な山ができあがっていた。こんな封筒の束が同じ日に寮にどさっと届いたら、ジューンはそのあまりの分量にめんくらい、引いてしまわないだろうか、とバッドは不安になった。が、すぐに、思いなおした。いや、大丈夫、ジューンとはある程度進んでいるんだ。アルファー・オミクロン・パイ女子学生クラブ会館の玄関口でしたキスの記憶が、海上での孤独な夜にしばしばよみがえっていた。バッドは愛《いと》しの女子学生に手紙を書きつづけた。

高校のころ、カリフォルニア大学バークリー校に入るのがジューンの夢だった。そしていま、彼女はまさにその夢を生きている。大学に進学するのは、父方、母方の家族を合わせても、2人目――最初は姉――で、ジューンは喜々として大学生活に身を投じた。優等生名簿に載ったし、奨学金の交付も受けた。女子学生クラブからは最優秀入会誓約者賞をもらった。さらに、バークリー校の月刊誌の編集者になり、応援《ペップ》クラブに入り、アカペラ合唱団で歌った。デートもした。週末のデート相手を毎週替えるなんてこともよくあった。そして、ときどき、大学での長い一日を終えて、両腕に本をたくさんかかえて寮に戻ると、バッドからの手紙が届いている。バッド、一度だけデートした海軍のすてきな人。〈嬉しいじゃない〉と自分に言い、手紙を読む。ちょっと返事を書いたほうがいいかも。〈ああ、でも、あとにしよう〉とジューンは溜息をつく。極端な筆不精なのだ。それに英語のレポートも書かなければならない。週末には体育会チームの激励会もある。なにしろ大学にいるとエキサイティングなことがたくさん起こる。ほかのことを考えている暇なんてない。

●再会

海に出て5カ月、バッドは両親や友だちからたくさんの手紙を受け取ったが、ジューンからはただの一通も届かなかった。〈もうおしまいだな〉とバッドは思った。そして、彼女のことを忘れた。ほんとうに忘れてしまった。

バッドは15カ月の海外任務を終えてアメリカに戻った。そして、両親の酪農牧場からさほど遠くないリーノにあるネヴァダ大学に入学した。ある週末、洗濯と栄養補給のため、実家に戻った。キッチンで冷蔵庫のなかをごそごそかきまわしていると、母親のバーディーが言った。「おまえ、ジューン・デリーという人から手紙が来ているよ」

「へえ、ほんとう」バッドは封筒を受け取ると、流しの下の戸棚をあけて、手紙をゴミ箱のなかへほうり込んだ。

「おや、まあ！　ちょっと待ちなさいったら」バーディーは言った。「封を切りもしないのかい？」

「ああ」

「わたしはね、そんなふうにおまえを育てた覚えはないよ」母は息子を叱りつけた。「好き、嫌い、無関心、何でもいいけど、手紙をおあけ。ちゃんと読むんだ。そして返事を書きなさい」

手紙は招待状だった。女子学生クラブの春のフォーマル・ダンスパーティーでわたしをエスコートしていただけないかしら？

〈いやだね〉とバッドは思った。だが、知らぬまに手がペンをとり、招待を受け入れる手紙を書いていた。彼はいちばん上等な黒のピンストライプのスーツと赤いネクタイを鞄に入れた。バークリーまでの5時間のドライブ中、バッドは不安にさいなまれ、少し怒っていた。〈くそっ！　おれはなんでこんなことをしているんだ？　あの子は一度も返事をくれなかったんだぞ〉街に入ると、バッドは車を止めて花屋に寄った。そして最高に美しいコサージュを買った。〈なぜ彼女はおれにエスコートを頼んだりしたのだろう？　いったいどういうつもりなんだ?〉女子学生クラブ会館の駐車場に車を止めたときも、バッドはまだ考えつづけていた。

だが、息をのんだ。ジューンはどきりとするほど美しかった。記憶のなかにある彼女よりもさらにきれいだった。そして、相変わらず快活で、生き生きとしていた。その夜、ダンスをしながらバッドは、グアムや沖縄やベトナムや韓国のことをジューンに話して聞かせた。ジューンは顔を赤らめて、わたし、《ソフ・ドール》に選ばれたの、とバッドにささやいた。カリフォルニア中の男子学生クラブが、才色兼備を競う美人コンテストの優勝者にジューンを選んだのである。ふたりは一晩中、笑い、話した。ただ、スポーツや学校や朝鮮戦争のことも話したが、手紙のことはついに一度も話題にのぼらなかった。最後にふたりはおやすみなさいのキスをした。バッドの足の指が丸まった。またしても。

バッドはほとんどふわふわと空中をただようような気分でリーノに戻った。〈《ソフ・ドール》だぞ! デート相手を見つけられなかったわけじゃないんだ!〉とバッドは思った。〈別の州から男を調達する必要なんてなかったんだ〉ということは……ということは……おれはついに彼女にとって特別な存在になったというわけだ。

デートのあとジューンは、自分の思いつきに最後までこだわってバッドをダンスパーティーに誘い出せてよかったと思った。「いとこのバッドが海外任務から帰ってきたの、知ってた？」と親友のサンドラが言ったとき、ジューンは〈彼、クラブのフォーマルに来てくれないかしら〉と思ったのだ。彼とのダンスの楽しい思い出がよみがえったのである。またバッドに会えたら嬉しい。これまでデートしてきた大学生より大人っぽいし。

バッドはまたジューンに手紙を書いた。だが、またしてもジューンは返事を出さない。〈いったいぜんたいどうなってるんだ？〉とバッドは思った。〈また彼女が信じられなくなった。おれの気持ちがわかっているとは思えない〉彼は夏期講座をとり、別の女の子とデートするようになった。キスをしても足の指には何の変化も起きなかったが、彼女には近くに住んでいるという強みがあった。ところがある日、ジューンから電話が入る。〈またか、なんでいつもこうなんだ？〉とバッドは驚き、あきれた。

「両親がタホー湖の別荘を1週間借りるの」とジューンは電話で言った。「あなたもいらっしゃらない？」ジューンの両親はバッドを気に入っていた。彼らはサンドラの両親からバッドのことをいろいろ聞いていたのだ。ジューンはなぜ自分がこんなふうに突然バッドを誘いたくなるのかわからなかった。クラブのフォーマルのエスコートを頼んだときだってそうだった。だって彼は遠くに住んでいたのだ。手紙については、そんなにたくさんもらったとは思っていなかったし、好感のもてる内容ではあったけれど、正直なところ感激するほどのものではなかった。それでも、いざ連れを選ぶとなると、なぜかバッドを選びつづけてしまうのだ。

「いらっしゃる?」彼女は繰り返した。

〈おれはバカだ〉とバッドは思った。〈大バカ者だ〉

「ああ、もちろん」と彼は答えてしまっていた。

タホー湖の1週間はまさにマジックだった。バッドはジューンの心のやさしさに感嘆した。〈彼女は他人《ひと》の悪口を言ったことがない〉と彼は思った。バッドは自分を何かにつけ批判的な男だと思っていたが、ジューンのそばにいると心が広くなるような気がした。ジューンのほうも、バッドの大人っぽさが大好きだったし、自分の両親を大事にしてくれるのもありがたかった。一日中笑わせてくれるのも嬉しくてしかたなかった。

だから「来月、ぼくの両親の酪農牧場で1週間過ごさない?」とバッドに誘われたとき、ジューンは二つ返事で承知した。ところがジューンが牧場に着くや、バッドの母親のバーディーが家族の緊急事で町を離れなければならなくなってしまった。バッドと父親は、はたしてジューンにバーディーの代役が務まるだろうかと不安になった。なにしろ牧場には食べさせなければならない働き手が４人もいるのだ。そう説明されると、ジューンは料理なんて一度もしたことがなかったのに、はい、やってみるわ、と元気よく返事した。

バッドの父親のリーオンが、ステーキを焼いてはどうかと、やさしく提案した。「ステーキなら大失敗はありえない」と父は息子にそっと耳打ちした。オーブンはチョコレート・チップ・クッキーを焼くときにしか使ったことがないなんて、ジューンはいくらなんでも言えなかった。網焼きのセッティングなど知るわけもない。食事のテーブルで、ジューンの真向かいに座ったバッドは、中は生で外は真っ黒こげというステーキをごりごり切りながら思った。こんなにかわいいジューンを見たことがない、と。

数日後のある夕べ、牧草地に近い大きなポプラの木の下で、バッドはジューンに自分が所属する友愛会のバッジを手渡した。そして、数分後、片膝をついて言った。「愛している。結婚してくれないか?」「いいわ!」とジューンは即座に返した。４年のあいだに５度会ったのち、「ついにわたしは彼に夢中になったの」とジューンは当時を思い出して言った。ふたりは４カ月後の１９５５年12月23日に結婚した。

結婚生活は最初は楽なものではなかった。バッドは復員軍人援護法で大学に通い、ジューーンが妊娠したときには、健康保険に加入する余裕もなかった。それに、バッドは意志が強く、ジューンは内気でのんきだったので、それぞれの性格の違いをうまく調和させなければいけなかった。「克服しなければいけないことはだれにでもあるわ」とジューンは言う。「でも、わたしたちは誓ったの。『もう耐えられない』と思ったことなんて一度もなかったわ。『だめかしら?』と自問したことさえないの。だってバッドこそ、わたしの〝この人〟なんですもの」

ジューンと結婚して、バッドはみずからを世界でいちばん幸運な男だと思った。ふたりは1972年に、500ドルの資本金と中古のステーションワゴン1台で工業設備会社を始めた。ジューンは帳簿をつけ、バッドが旅先で食べられるように1週間分のサンドイッチをクーラーボックスに詰めた。彼は車のなかで眠り、ガソリンスタンドで顔を洗った。そうやってふたりで会社を年商1800万ドル（約21億6千万円）の企業に育てあげた。

ふたりはゴルフ、ダンス、旅行、音楽など、共通の趣味も多い。ジューンはいま、ふたりが所属するカントリークラブで気前のいい慈善活動をしようと考えている。そして、そのカントリークラブでは、ふたりはお互いに、自分のパートナーがいちばんすてきに見えると認め合っている。

「**何が起こっても、バッドはわたしの人生のなかに戻りつづけた**。これは偶然なんかじゃないと思うの。わたしは自分の直感に従ったのよ。わたしはね、永遠に続く結婚や、一生続く子供たちとの親密な関係――要するに、ほんとうの家族――を心に思い描いていたの。愛と友情と喜びと、それらすべての源である連れ合いが欲しかった。で、もう、これ以上ない正しい選択をしたわけ！」

バッドのほうは、当時、自分がとった行動がいまだによく理解できない。なぜ自分は、それほど関心をもたれているとは思えなかった女性のために、自分のやり方から大きくそれて、文字どおり遠くまで出かけていったのだろう？　ただ、心のどこかが〈あきらめるんじゃない〉と言っていた。それだけは確かだ。その直感に従ってよかったとバッドは思っている。ジューンがそばにいてくれると、「ホッとして、とてもリラックスでき、理解されているんだと安心できる」のだ。長い付き合いのうちに「彼女は自分の終生の親友、伴侶、妻になるのだとわかったよ」

「つまるところ――」バッドは言った。「**わたしの足の指を丸めさせられるのは彼女だけだということさ**。いまでもそうだよ」

バッドにとっていまだに謎のままになっていることがひとつだけある。「いったいなぜ彼女はわたしの手紙に返事を出さなかったのだろう?」そう言ってからバッドは笑い声をあげた。そして言った。「どんな結婚にも、たとえ半世紀以上続く結婚にも、謎がちょっぴり必要なんだ」

2

どうやってお互いムカつかないようにしているのですか？

1

2

1．2　ディックとモリー
◎コウンスターム夫妻（P87～）

3.4.5　エディーとルース
◎エルコット夫妻（P98～）

3

4

5

●マットの悩み●

相手に完全を求めるぼくは、不完全

小さいときからぼくは、「達成したいことは何でも達成できる」という考えを両親にたたき込まれた。気持ちを集中させて取り組めば、何でもできるというわけだ……。かくしてぼくはおびただしい数の成功セミナーへむりやり引っぱっていかれた。

だから、13歳の子供のほとんどが蝶を追いかけたり野原で砦をつくったりして過ごす週末に、ぼくは少人数を対象にした〝夢を可能にする〟集会に連れていかれ、自分よりも3倍も4倍も年のいった大人たちのなかに座らされることもあった。そして、精神的・感情的バリアを打ち壊して能力を全開する方法を学ばされた。ぼくはそれが大嫌いだった。床にあぐらをかいて座り、五十うん歳の男と面と向かい、〈わたしは――です〉と呼ばれる実習をさせられたときのことを思い出す。永遠とも思われるほど長いあいだ、ぼくは見知らぬ男と互いに目と目を見つめ合い、心の奥底にある感情を伝え合わなければならなかった。〈わたしは気まずいです〉という言葉しか思い浮かばなかったが、そんな月並みなことを言うわけにはいかなかった。ぼくは偉大な人物になるためにそこに来ていたのだから。

そこでぼくは、チアリーダーのガールフレンドがぼくを捨てて他の男の子と仲良くなったときにどれだけ傷ついたか話して、その50代の男性に慰められ、お返しに、離婚寸前にまで追いつめられたことを涙ながらに語るその人を慰めてあげた。長い年月のうちに、ぼくはしっかり教育されて、そうしたやっかいな実習も好きになってしまった。自分が徐々に〝完全〟に近づいていっているのだという気持ちにもなれた。

ところが、いつまでたっても独身という問題が、大人になったぼくに生じた。

「では、みなさん、わたしがこれから言うことをしてください」と、あるセミナーの指導者は言った。「あなたの完璧なパートナーがどういう人か、心のなかでイメージしてください。外見も内面も、あらゆることを思い浮かべるのです。そして、それらの特性をひとつひとつ書いて、リストをつくってください。できるだけ具体的にイメージするのです」

そのときぼくは20代前半で、すでに自己啓発指導者まであと一歩というところまで進んでいた。ぼくは未来の妻のイメージ化を早く始めたくて、大急ぎでペンと紙を用意した。この手は効果があるとわかっていたので興奮した。成功イメージのテクニックは、そのころ完全に、フットボール試合での最高のプレーを引き出すぼくの秘密兵器になっていたからだ。それどころかぼくは、なぜもっと早くこの方法を思いつかなかったのかと、心のな

かで自分を責めた。〈そうしていたら、いまごろもう結婚していて、子供だってできていたかもしれないんだぞ、この間抜けめ〉

ぼくは熱く燃えてリスト作りにとりかかった。〈気がきく、華やかな魅力、スピリチュアルなことに深い関心、運動好き、寛大、気前がいい、親切、ロマンチック、ぼくのジョークに笑う、いっしょにいると癒される、20マイル以内に住む、身長5フィート6インチ（約168センチ）、ブラウンの瞳、絵を描くのが好き、音楽が好きでたまらない、おバカな映画のよさがわかる、トレーニングも大好き、ダンスがとてもとてもうまい、フットボールとスノーボードとサーフィンとクリスマスの飾りつけも大好き……〉

5分もしないうちに、わが夢の女性は63もの長所を与えられた。ぼく自身にはその3分の1の長所もなかったけど、そんなの関係ない。だって、すべて、わが妻のことなのだ。これは宝物探しのようなものだった。彼女は〝一片の瑕《きず》もない玉〟でなければならなかった。

心がはやった。

夜ごと、完全なる妻をイメージすれば、彼女はそのうちかならず現実のぼくの人生にあらわれる、とも信じていた。ぼくは洗面所の鏡にリストをテープでとめ、寝る前に歯をみがきながらそれを読んだ。と、案の定、6カ月後、彼女が目の前にあらわれた。身長はきっかり5フィート6インチ、陽気で、気がきいていて、スピリチュアルなことにも関心があった。瞳はいまにも炎がつきそうなくらいセクシーなブラウン、肌は完璧、髪も絹のようにつややかで華麗。フットボールもまあまあ好き。そう、それに、一度見たら忘れられない、ハッと息をのむほどのすごい美人。いやもう、無敵の超美人だった。ぼくはたちまち恋に落ちた。

ところが、彼女を〝一度見たら忘れられない、ハッと息をのむほどの、無敵の超美人〟たらしめている秘密を、ぼくは同じくたちまち発見してしまう。その秘密とは、バスルームに信じられないほど長時間こもる、ということだった。彼女の〝外出準備〟は、ぼくが2時間ソファに座って親指をクルクルまわしながら待つということだった。彼女は髪をまっすぐにし、カールさせ、またまっすぐにし、何やら振りかけ、スプレーし、ジェルをつけ、ドライヤーでブローし、とかし、ブラッシングし、眉や髪の生えぎわのむだ毛を抜き、お下げに編み、上にあげてまとめ、下に落とす――女が髪の毛にできることをすべてやらないと気がすまないのだ。そしてそれは髪だけの話！　次に化粧にとりかかるのである。これがまたどうにも説明しがたいほど込み入ったものになる。だいたいそのひとつひとつの作業をどう呼べばいいのかさえわからない。それが終わると、今度は服やら靴やらアクセサリーやらハンドバッグを選ばなければならない――でも、誤解しないでほしいのだけれど、選び方は実にみごと、非の打ちどころがない。問題は、ぼくたちふたりがいっしょに行動する際、自由がきかないということ。たとえば、ぼくが1時間45分後に始まる映画を観たくても――そう、あきらめるしかないのだ。「自由はきくわよ」と彼女は一度言ったことがある。「余裕をもたせてスケジュールを組むだけでいいんだから」

ぼくは彼女を変えようとしたが、彼女は自分の美しさを維持することに執着し、変わることを拒否した。

そこで、再び〝完璧なパートナー〟リストが洗面所の鏡に貼られた。ただ、リストには〈30分以内で華麗な女に〉という64番目の項目が新たにつけ加えられた。

ぼくの次のガールフレンドは、10分で外出準備をととのえられた。エキゾチックで〝手早い〟美しさにぼくは魅せられたのだが、いっしょにいたいという気持ちにさせられたのは、実は彼女の比類のないスピリチュアルな深さのせいだった。思い立ったらすぐ、ふたりでぼくのジープに飛び乗ってビーチへ行き、ダライ・ラマとキリストの出会いについて語り合うということもできた。いっしょに砂浜に何時間も寝そべり、青空を見上げながら神や宇宙について瞑想するということもよくあった。ぼくたちは宇宙のことを熟考し、宗教の暗号を解読し、時間の謎を解き明かした。彼女の思考は、ぼくのスピリチュアルな意識を拡大させてくれた。ぼくはそうしたことがとても気に入っていた。

だがそれも、彼女とはほかのことについては何も話せないのだとわかるまでのことだった。彼女はさまざまな方向へ波及する自分の思考を、深く複雑に拡大させることにしか興味がなく、その姿勢をかたときもくずそうとしなかったのだ。ぼくのほうはといえば、そうしたスピリチュアルな領域にひたることもできたが、そう長くはもたず、そのうちピザと冷えたビールが欲しくてたまらなくなる。そこでぼくは、発展途上国の飢餓問題の議論をちょっと中断して、ひと休みするのも悪くないということを、彼女にも悟らせようとした。

ふたりでリクライニングチェアに座って寄り添い、チップ・アンド・ディップをつまみながらピッツバーグ・スティーラーのフットボール試合を観戦するくらいのことはしてもいいんじゃないか、というわけだ。ぼくはジョークで彼女を笑わせようとしたし、いっしょにバカなゲームをしようともしたが、彼女は自分でつくった聖なる場所でスピリチュアルな存在の絵を描きたがっただけだった。

〈項目65——スピリチュアルなことに関心が深いが、のめり込みすぎはだめ。それにさあ、ジョークくらいちょっとは飛ばせること〉

で、お次のガールフレンドは、名門コメディー・クラブ『ラーフ・ファクトリー』や、オーディション番組『アメリカズ・ネクスト・トップモデル』に出演してもおかしくなかったし、CNNヘッドライン・ニュースのホストだって、やれそうだった。彼女は、ぼくがTFP——完全女性《トータル・フィーメイル》パッケージ（美しく、頭がよく、腹の皮をよじれさせるユーモアもある）——と呼ぶ女性だった。惚れ惚れするような実にバカバカしいジョークを飛ばして、辛辣な会話をひっくりかえす彼女の手腕には、ぼくも感嘆した。ぼくたちふたりは、まさにおもしろいことが大好きなアホ仲間で、いっしょにいるとお互いに自分自身になれて完全にくつろげた。

いや、実は少々くつろぎすぎてしまった。というのも、2カ月もしないうちに、彼女はぼくのそばで屁をこきまくるのがとってもかわいらしいことなんだと思いはじめたからだ。まあ、最初はぼくも笑った。単なる事故だと思ったので。ところが、彼女が屁を気持ちよさそうに連発しはじめ、腰を曲げて指をつま先につけ、尻を上に向けてブッとやりだすと、さすがのぼくもこれはあんまりだと思いだした。ぼくはやめてくれと言ったが、彼女は本気にしようとしなかった。

〈項目66——冗談好き、だけど男子寮レベルまで下品にならない〉

3カ月後。〈項目67——ダンスがとてもとてもうまい、でも正しい体臭防止剤を選べる〉

9カ月後。〈項目68——大きな目標はあるが、足を止めて花をかぐ余裕はある〉

そして、たぶん30年後。〈項目2043——あらゆる点で完璧……そして、ずっと年上の男との結婚に抵抗がない〉

ぼくは現実的ではないのだ。

●変えるのは相手ではなく……

完璧を追求するそのしかたで、ぼくがどういう人間かわかってしまうのである。「完全な人間なんて見つからない、見つけられるのは自分にぴったりの人間だけだ」という言い古された箴言《しんげん》くらい、ぼくだって知っている。それなら、だれにも負けないくらいぼくも説いてきた。ところが、その〝自分にぴったりの人間〟はもう長いこと洗面所の鏡に貼られているというのに、ぼくはいまだにその人を見つけられずにいる。

「まあ、頑張ることだね、マット」と祖母に言われたことがある。「たとえ夢が実現し、その〝金のつぼ〟が見つかったとしても、結婚して5年もしないうちに金が曇りはじめるのがわかるよ」

「そして彼女のほうは、5週間もしないうちに、おまえという金が曇りだすのに気づくだろうよ」祖父が謎めいた笑みを浮かべて言い添えた。「嘘じゃない、ほんとうさ」

ぼくは不完全な男なんだ。

結婚する気なら、まず自分が変わらないといけないと最初に教えてくれたのは、グランマとグランパだった。その後ぼくはたくさんの年配者に同じことを教えられた。イメージすべきは、未来の完璧な妻がもつ長所のすべてではなく、わが最大の欠点――パートナーに対して批判的すぎる――を克服する自分だったのだ。パートナーの欠点が気になりだすともう、ぼくはそれしか見えなくなってしまった。そして、その欠点をとりのぞこうと躍起になる。彼女によりよい人間になってほしかったからだが、そのためにぼくは彼女のもつ何百というすばらしい長所から目をそらしてしまった。ぼくにとってそれは厳しい教訓となった。〈マリッジ・マスター〉（結婚の達人）たちは、連れ合いの気にさわる癖を受け入れることを、いやそれどころか、可能ならそれに感謝することを勧める。パートナーのささいな欠点や性癖と仲良く付き合うことを学ぶのも、結婚というゲームの一部なのだ。

どんなに仲の良いカップルでも、互いに相手をむかつかせる癖を少しはもっている。ぼくの欠点のリストはきっと1マイルほどにもなるのではないか。

ぼくはこうしたことがまったくわかっていなかった――バラ色の結婚生活にもかかならず、互いの性格に起因するトゲがいくつかあるということくらいは、ぼくだってうすうす感づいていたが、そういう欠陥は直せると思っていた。成功セミナーをひとつかふたつ受けなければならないとしても、そうしたトゲはとりのぞけると思い込んでいたのだ。

いや、いや、とんでもない。〈マリッジ・マスター〉たちは、そうではないという事実を、ぼくの脳に何度も何度も繰り返したたき込みつづけてくれた。「結婚における、愛における、価値ある大仕事は、連れ合いを自分のつくったリストどおりに変えることではないよ。そうじゃなくて、**自分のリストを連れ合いに合わせて変えることなんだ**」ある〈マリッジ・マスター〉の夫は言った。「結婚相手の癖や性格を変えようと思っているんだったら、考えなおしたほうがいいよ。自分自身を変えるのだって、そりゃもう大変なんだから。不可能とは言わないにしてもね」

出会ってわずか3週間後に結婚したという別のカップルにデトロイトで話を聞いたときのことだ。相手をまるごと受け入れるのにどれほど苦労したかという話になった！　最初の1年間は、ふたりが言うには、相手に対するいらだちが愛と同じくらい強くなったという。「結婚してはじめて、どちらも、自分よりも相手をよけいに愛さなければならないという状況に追い込まれたんだ」夫は言った。「つまり、自分の生活を他人《ひと》を第一に考えて暮らすものにつくり替えなければならなくなった。お互い、いやだと思う点はかならずある。どうにも我慢できないという点が、お互い、かならずあるんだ。問題は、パートナーのそういう点を変えることではない。肝心なのは、**パートナーに対する自分の見方を変え、あるがままの相手をそっくりそのまま受け入れることとさ。それがほんとうの愛なんだ**」

ぼくは同じことをさまざまな人たちから何度も何度も聞かされた。で、いまはぼくも、あるがままのパートナーをそのまま愛し、受け入れる勇気を得られますようにと、相手の女性も同じことをぼくにしてくれますようにと、ただただ祈っている。ぼくの〝完璧なパートナー〟リストはどうなったかって？　捨ててしまったので、いまごろ雑草の肥料にでもなっていると思う。

私とあなたの〝個性の火《キャンドル》〟を消さない

――ディックとモリー◎コウンスターム夫妻（結婚歴47年）

1961年のハロウィーン、モリー・コウンスタームの結婚はその最悪の日によって永遠に変わろうとしていた。

結婚はまだ2年目、いわば揺籃期《ようらん》にあった。

モリーがディックにはじめて会ったのは就職の面接でのことだった。モリーはミネソタ大学を卒業したばかりの22歳、オレゴン州のフッド山にあるティンバーライン・ロッジの夏季だけの仕事に応募した。単なるウエイトレスの仕事と思って応募したのだが、実はそれよりもずっと多くのことを要求される仕事だった。

「現地におもむく前に、写真とか、年齢とか……スリーサイズ以外のわたしのあらゆる情報を送るようにと言われたの」モリーは思い出す。「いまから考えると、ディックは会う前からわたしを〝夏の愛人〟にしようと決めていたのではないかと思うわ。わたしは鈍くて、そんなこともわからなかった」

当時、ディックは33歳、ティンバーライン・ロッジの経営を始めて4年になっていた。

1955年にディックがその経営権を得たとき、かつては威容を誇ったロッジも、当時の所有者の農務省林野部にほとんど見捨てられた状態だった。大恐慌時代に一流の職人たちによって建造されたロッジも、いいかげんな経営と長年にわたるずさんな維持・管理のために、荒れ果ててしまったというわけだ。

ホテル経営の経験もビジネスの実績もなかったが、ディックはロッジをよみがえらせることにした。彼は何年ものあいだ無給で働き、熟練した職人を雇って内部を生き返らせ、ロッジを美しいワールドクラスのレストランをもつ豪華なホテルに変身させた。そうやって彼は、フッド山そのものをアメリカで最初のオフシーズン・スキー・リゾート地のひとつにしようとしていた。ディックのきめ細かな長期計画と粘り強い不断の努力のおかげで、ロッジはかつての栄光をとりもどそうとしていた。彼は恋愛についても同じ粘り強さを発揮した。モリーが到着するや、ディックはあらゆる機会をとらえて彼女を口説きはじめたのである。

「わたしはロマンスには興味ありません」とモリーはディックにはっきりと言った。

「わかった」ディックは答えた。「では、友だちになろう。それがいちばんいいのかもしれない」

「ええ」モリーは返した。「そうに決まってますわ」

2カ月後、モリーとディックは婚約した。

「結局、根負けしたのよ」モリーは当時を思い出しながら言う。「ディックの場合、〝しつこい〟という言葉でも弱すぎるくらい。辞書にだってまだ適当な言葉はないと思うわ。結婚して最初の2年間は、適当な言葉が二つ三つあると思っていたんだけど」

結婚したとき、モリーはディックこそ自分の〝この人〟だと信じて疑わなかった。ディックは横暴とさえ言えるほどしつこかったが、彼女のなかの何かが、彼は自分を尊重してくれる男だと、あるがままの自分でいることを許してくれる男だと告げてくれていた。その直感は正しかった。しかし、結婚して2年すると、それだけで充分だろうかとモリーは思いはじめた。

「わたしとディックでは、ものごとをやるペースがまるで違うということがわかったの」モリーは言う。「わたしは何でもパッパッと考え、パッパッとやってしまう。でも、ディックはもっとずっと慎重で、やる前にしっかり考え抜くの」

最初のうちはモリーも、このディックの思慮深さをのろまで頭が鈍いせいだと誤解することが多かった。何でもないことをするのに、なんでいちいち計画を立て、そんなに長い時間をかけなくちゃいけないのと、いらだった。たとえば、電球を取り替えてと頼むと、ディックはソケットを検査し、最適なワット数はいくつかと考え込んでしまうのである。そのあいだ待っていなければならない。このままでは自分はディックを尊敬できなくなりそうだとモリーは不安になりはじめた。

そのうえ、ディックは失読症で読み書き能力に障害があり、それがまたモリーの不安を大きくした。モリーはディックの障害を知っていたが、それから具体的にどういう問題が生じるのか充分に理解していたわけではなかった。

モリーの不安は、最初の子供のケヴィンが生まれた日に、ついに現実のものになった。ディックが母子とともに病室にいたときのことだ。一家はポートランドの家に引っ越したばかりで、まだ洗濯機も乾燥機もなかったので、モリーは数日前に頼んだようにオムツ配達サービスに申し込んでくれたかと、ディックに尋ねた。

「いや、《マイア・アンド・フランク》で洗濯機と乾燥機を買ったよ」ディックは答えた。

「この都市《まち》にはオムツ配達サービス会社はひとつもないんだ」

モリーはポートランドに来てまだ2カ月にしかならなかったが、《マイア・アンド・フランク》が街でいちばん高いデパートのようだということくらいはすでにわかっていた。

「えっ？　あんなところで家電製品を買うなんてどうかしているわ、ハニー。あそこはもうめちゃくちゃに高いのよ」モリーはがっくりきて、声を高めた。「それに、オムツ配達サービスがないって、どういうこと？　わたしはね、オムツ配達サービスのトラックが走りまわっているのを見たことがあるのよ。ディック、ないなんてありえないわ」

「でも、イエローページを徹底的に調べたんだ、あらゆる調べ方をしてね。なかったよ、ほんとうさ」

モリーは信じられず、首を振った。ありえない。そのとき、ある考えが浮かんだ。「ディック、オムツ（diaper）の綴りは？」

ディックはためらうことなく自信ありげに答えた。「d-i-p-e-r」

カッとしたせいかもしれないが、モリーはオムツ（diaper）みたいな簡単な単語も満足に綴れない男とこの先どうやって子供を育てていけばいいのかと思った。

何カ月もしないうちに彼女はその答えを知ることになる。

●パニック現場の〝アハ体験〟

それはハロウィーンの日、モリーがディックといっしょにミネソタ州アノーカの実家を訪れていたときのことだった。アノーカはミネアポリスの北西約20マイルにある小都市で、モリーが生まれ育ったところである。アノーカの自慢は何か？　それは１９２０年に世界ではじめてハロウィーン・パレードを主催したことだ。それでアノーカは〝世界一のハロウィーンの町〟を自認してきた。市民たちがパレードを始めたそもそもの理由は、ティーンエージャーのエネルギーをハロウィーンの日のいたずらからそらすためだった。子供たちにひっくり返される屋外便所があまりにも多く、翌朝それらをもとに戻すのが大変だったし、汚された窓を石鹸水で洗うのも面倒だったからだ。のちにアノーカは、有名なマルチタレントのラジオ・パーソナリティー、ギャリスン・キーラーの故郷であることをも自慢するようになるが、１９６１年にはまだ、ハロウィーンがいちばん大事なことだった。

その日の午後、ディックとモリーは、モリーのおばや祖父とともに、ほかの市民たちにまざってメイン・ストリート沿いに立ち、パレードが始まるのを待っていた。仮装した子供がいたるところにいた。肩車をしてもらっている者もいれば、ベビーカーに乗せられている者もいる。ベビーカーに双子を乗せた女性にモリーの目がとまった――モリーも双子を身ごもったことを知ったばかりだったのだ。彼女は２人の子供を同時に育てる大変さを想像し、夫とともにその務めを果たせますようにと祈っていた。

パレードが始まって、ハロウィーンの浮かれ者たちがアノーカのスピードで――だれもがよく見えるように、ゆっくり、ゆったりと――歩きだした。手作りの衣装に身を包む小熊や幽霊や魔女が、誇らしげに見守る親たちの視線を浴びて、元気いっぱいに手を振りながら目の前を通りすぎていく。地元の楽隊が、小さいとはいえ、思いきり美しい旋律を響かせる。道化に仮装した警察官と消防隊員が消防自動車に花をそえ、山車《だし》に積まれた干し草のかたまりに心地悪げに座る町中のキワニスクラブ会員が、恥ずかしそうに微笑みながら妻たちに手を振る。

ところが、パレードが3分の1ほど通過したとき、モリーは妙な車がやってくるのに気づく。二車線の道路の反対車線にもはみだしながらジグザグに走ってくるように見える。その動きに、はじめモリーはスタントカーかと思った。だが、パレードの車ならかならずある飾りがない。

「まあ、あれはだめ」とモリーは思った。「こんなに子供のすぐ近くで、道化の車にスタントをさせるなんて」

車が近づいてきたので、モリーはバカな運転手に注意してやめさせようと思ったが、通り過ぎようとするその車の運転席に目をやると、なんとだれもいなかった。そして、彼女がそれに気づいた瞬間、恐ろしいことに車はまたしても急に方向を転じ、向かい側の子供たちの群れのなかに猛スピードで突っ込んでいった。

モリーとディックが家族といっしょに通りを駆けわたっているときに、車はようやく葬儀場の芝生の上で止まった。だれかが車のドアをあけると、ぐったりした男の体がだらっとくずれ出てきた。モリーはあとで知ったのだが、ドライバーは運転中に心臓発作で死んだのだ。現場は混乱をきわめ、モリーはあわてふためくばかりで、ただ呆然と立ちつくすことしかできなかった――ほかの人々もみな同じ状態のようだった。しかし、ディックは違った。

モリーはあたりを見まわした。〈ディックはどこへ行ったのかしら？〉と彼女は思った。〈ついいましがたまで、そばに立っていたのに〉

事故が起きたとき、すぐ隣にいたのはわかっている。けがをしたはずはないから、その点は心配ない。でも、どこへ行ったのかさっぱりわからない。と、モリーは夫の姿を見つけた。

ディックが両腕に毛布をいっぱいかかえて、非常時用物資置場から出てきたのだ。そして、万事心得ている者のように、少しの迷いもなく、決然として、悲鳴をあげる人々のなかに入っていった。モリーにできるのは、見守ることだけだった。

「あんなのいままで一度だって見たことなかったわ」モリーは思い出す。「だって、わたしたちがみんなショックで凍りついているというのに、そのまっただなかでディックが、いちばん助けを必要としているのはだれかチェックしてまわり、パニックにおちいっている人たちの気持ちを落ち着かせ、必要な世話をしているんですもの。だれもかれもが自分を失っているときに、夫は自分をしっかりともって、冷静に行動していたの。ディックが泣き叫ぶ男の子を毛布でくるんでやり、母親をやさしく落ち着かせているのを、わたしは見たわ」

モリーは続ける。「そのときなの、わたしがアハ体験をしたのは。夫を誤解していたことを瞬間的にわかってしまったわけ。わたしは思ったの――〈そうよ、これがディックの違うところ。夫は立ち上がり、状況をしっかりと考え、やるべきことをやったのよ〉とね」

その日以来、モリーとディックの関係はすっかり変わってしまった。モリーはそれまで腹の立つことばかり見ていたけれど、ディックの力にも同じくらい目を向けるようになった。**お互いに違っているからこそ、ふたりとも、よりよい人間になれるのだ、ということもわかるようになった。**

モリーがそういう新しい見方ができるようになって、ふたりの結婚は、ディックが長い闘病の末に2006年4月に他界するまで、47年間続いた。晩年のディックの世話をしているとき、モリーはともに過ごした歳月をすみずみまで思い出し、ディックが粘り強さと揺るぎない意志の力で計画どおりに成し遂げたことをひとつひとつ頭に思い浮かべた。

ディックは遠大な目標をかかげて、ティンバーラインをアメリカ最初で最高のスキー・リゾート地のひとつに育てあげた。アメリカ北西部にはじめて夏スキー場をつくったため、〈アメリカ夏スキーの父〉と呼ばれるようにもなった。そして彼の遺産はいまも生き、リゾート地は息子へと引き継がれて成功しつづけている。モリーによれば、ティンバーライン・ロッジの予約は5年先までいっぱいだという。並みはずれたものを創りあげることにこだわったディックの50年にわたる献身的努力が、現在の成功のほとんどをもたらしたのだと彼女は思っている。

モリーは、ディックの業績への賞状や賛辞が壁に飾られている居心地のよい私室に座って、結婚では相手の個性の尊重が大事であるという結論を語ってくれた。「わたしたちは長いことかかって、お互いに相手を地のままにさせることを学んだの。干渉せずに相手をそっくりそのまま受け入れたわけ。お互い自主的にやったからこそ、ふたりは大きなことを成し遂げられたのだと、わたしは信じているわ」

モリーは笑みを浮かべながら、結婚式で行われる和合《ユニティ》キャンドルへの軽蔑をあらわにした。結婚式では、新郎と新婦がそれぞれキャンドルを一本ずつ持って、いっしょに大きなキャンドルに火をつけたのち、自分たちの火を吹き消すという儀式が行われるが、あれはおかしい、というのである。

「キャンドルの火は全部ともったままにしないとね」彼女は強い調子で言った。「新郎と新婦がいっしょに大きなキャンドルに火をともすというのはいいのよ。でも、そのあと、自分たちのキャンドルの火を吹き消してはいけないわ。自分の個性は保たないと。**互いに相手の個性をとりのぞこうとするような関係になっては絶対にだめ**。それこそ、47年間わが最愛の夫だった人がわたしに教えてくれたことよ」

63年前に交わした2千通ものラブレターを、いま――

――エディーとルース◎エルコット夫妻（結婚歴63年）

1942年9月、シカゴのダウンタウン。エディー・エルコット陸軍二等兵は、水を得た魚のようだった。無線訓練を受けに風の街《ウィンディー・シティー》（シカゴ）に着くやいなや、彼はUSO（米軍慰問協会）とユダヤ人福祉協会が共同スポンサーとなったダンスパーティーがあることを知った。それは、ユダヤ人の兵士ならだれでも、家庭料理とすてきな女性とのダンスを楽しめるという会だった。うまそうな食事にも誘われたが、エディーがほんとうに惹かれたのはダンスのほうだった。

エディーの子供のころの遊び場は、ニューヨークのハーレムの通りだった。父は革製品の職人、母はお針子で、家族は大恐慌時代をなんとか乗り切った。エディーは公立図書館で手当たり次第なんでも読むという少年だったが、読書していないときは、近所のほかのだれもがすでに習得ずみと思われたことを学んだ。それはダンスだった。

その夜、USOのダンスパーティーで、エディーはフロアを支配した。女の子たちがエディーと踊るために文字どおり列をつくり、「エディー！　なぜわたしと踊ってくれないのよ？」と、はにかみながらも、ふくれっつらをした。パーティーが終わるまでに、エディーはほぼ全員と踊ることになる。だが、彼のほうが踊りたくても相手になってくれない女の子が1人だけいた。踊っているあいだにエディーは、ピアノ弾きのすぐ後ろのテーブルで瞳をきらきら輝かせている女の子に気づいた。するともう彼女から目をそらすことができなくなった。その子がルース・マイヤーだった。

ルースはドイツに根をおろした裕福な伝統的ユダヤ人一族の家に生まれた。17歳になるまで、彼女の生活はのどかなものだった——母親は働く必要がなかったし、家にはいつもメイドがいたので、ルースも何もしなくてよかった。だが、ナチが権力を握ると、状況が一変する。ルースは11個のスーツケースに自分の持ち物を全部入れてドイツを脱出せざるをえなくなり、イギリスに渡って農場の家政婦として働くことに。そしてそこから、不屈の粘り強さを発揮して、なんとかイギリス領事館を説得して力を借り、両親と妹をドイツから脱出させることに成功する。それは第二次世界大戦が勃発するわずか3日前のことだった。しかし、一族の多くは——祖父母や、たったひとりのいとこも——それほど幸運ではなかった。脱出できたルースの家族は、できるだけ遠くまで逃れようとアメリカのシカゴまで行って、そこで再出発した。

ルースは、そのように試練をいくつも乗り越えてきたので、彼女なりにではあるがエディーに負けぬくらい経験豊富で抜け目なかった。だから、エディーの下心を見抜いた。

「この人はね、ほかの女性の肩越しに、わたしのほうばかりじろじろ見ていたの」ルースは思い出す。「だから、わたし、思ったのよ、『なんという狼なの！　あんな人いやだわ』とね」

猫がなぜか部屋のなかにいるただひとりの猫アレルギーの人に引き寄せられるように、エディーは自分を一晩中とりかこんでいた騒々しい女の子たちの群れを離れて、ルースに近づいていった。

「踊りません？」エディーはさりげなく誘った。

「遠慮しておくわ」ルースは答えた。「あなたとはいや」

「あっ、そう。まあ、ちょうどいいや。ぼくのほうも疲れたしね」エディーは言い、ルースの隣のあいた席のほうへ移動した。「ここに座って話すだけならいいかな？」

ルースは不安になったが、うなずいてしまった。そしてその夜、なんとエディーはルースの歓心を得ることにどうにか成功し、翌週のシャバト（サバト）のディナーに招かれさえする。

シャバトは、金曜日の日没から始まって土曜日の日没に終わる、ユダヤ教の安息日のことだ。金曜日の夜、それぞれの家庭の主婦がキドゥーシュと呼ばれる安息日の祈りを捧げ、2本のろうそくに火をともす。ルースは当時まだ両親と暮らしていたので、安息日をとり仕切るのはいつも母親の役目だった。母親がキドゥーシュを唱え、全員が食卓についた。全員とは、エディー、ルース、彼女の両親と妹……それにルースの元ボーイフレンドのフレディーだった。ルースはフレディーとつらい別れをしたばかりだったが、彼はすでにシャバトの夕食に招待されていたので、それを取り消すのも変ということで、新旧のボーイフレンドが顔をそろえることになってしまった。さすがのエディーもこれは予想していなかったが、冷静に対処できた。エディーはルースの隣に座り、フレディーはルースの父親の席に近い、向かい側の端に座った。

招待客の取り合わせは妙な具合になったけれど、すてきなシャバトになろうとしていた。ルースはエディーの育ちの悪さを心配していたが、彼が利口で機知に富んでいるのはだれの目にも明らかで、母親は満足しているようだった。ところがそれも、エディーがかゆくなった頭を……なんとフォークでかいてしまうまでのことだった。ルースは、まるでそれがスローモーションで起こっているかのように、ゾッとして見つめるばかりだった。彼女は母親の目が大きく広がるのを見たし、妹がギョッとしたあとニヤッと笑うのにも気づいた。ありがたいことに、近視の父親には見られなかったけれど、これでエディーとはおしまいだ、とルースは思った。ただ、奇妙なことに、ディナーは何事もなかったかのように進んだ。

そして、その夜が終わったときにはボーイフレンドの交代が完了してしまい、ルースとエディーは本気でデートしはじめた。エディーは陸軍の訓練を受けつづけ、時間があくとかならずルースと過ごした。ふたりは映画に行き、夜はダンスをしまくった。エディーがルースの家のディナーに呼ばれることも多かったが、フォークを本来の目的以外で使うということはもうなかった。6カ月後、エディーはシカゴでの訓練を終え、カリフォルニアへ帰任せよという命令を受けた。ルースはがっかりしてしまったが、手紙を書くと約束した。エディーも、ぼくは筆まめとは言えないけど、できるだけ手紙を書くようにするよ、と応えた。

5カ月のあいだ、ルースとエディーは手紙のやりとりをした。エディーは、手紙を書くよりも読むほうが好きだったが、約束を果たそうと懸命になった。そして、5カ月が過ぎたとき、エディーは1カ月後にニューギニアに向かう艦船に乗艦せよという命令を陸軍から受ける。そのときだ、エディーが人生でもっとも重要な手紙を書いたのは。彼は手紙でルースにプロポーズしたのである。

ルースは、エディーが出征する前に結婚したいからカリフォルニアへ行かせてくれと、両親に哀願する。「彼、1カ月後に戦地へ送られるの」とルースは両親に泣きついた。

翌日、ルースは汽車に乗ってカリフォルニアへ向かう。そして到着するや、彼女はエディーとともに〝巡回ラビ（ユダヤ教指導者・学者）〟を1人見つけ、証人を2人つかまえ、結婚した。そのあとは、陽光がさんさんと降りそそぐカリフォルニアで、それはもうすばらしい3週間のハネムーン。ルースはエディーへの愛を深めるとともに、光あふれるカリフォルニアにも恋をしてしまった。3週間後、ふたりは泣きながら別れを告げた。

シカゴに戻ったルースは、妊娠したことを知る。そして8カ月後、長女ダイアンを産む。エディーからは毎日、自分がしていることを書きつづった手紙が届き、ルースのほうも毎日、ダイアンの成長ぶりを書いた手紙を書き送った。はじめての固形食、はじめてのはいはい、はじめてのひとり歩き……。エディーは写真と言葉を介して娘に会い、娘も写真を通して父親に会った。出征してほぼ2年、ようやくエディーの最初の服務期間が終わり、ダイアンが18カ月になったとき、ついに父親が家に帰ってきた。

ルースが借りていたのは、自分でできるだけ手を入れて住みやすくした、ぼろアパートメントで、寝室と呼べるものは小さなものがひとつしかついていなかった。

エディーが帰ってきた夜、ふたりはゆっくり自分たちだけで過ごせるようにと、ダイアンをルースの両親の家に預け、一晩中ソファに座って話し合った。2年間、手紙のやりとりを欠かさなかったおかげで、ふたりは互いの生活のすみずみまで知っていたが、それでも、ちょっと他人同士のような気分にならないわけにはいかなかった。結局、いっしょの暮らしに慣れるのも、なかなか大変なことだった。

ルースの両親に連れられてダイアンがアパートメントに戻ってくると、ルースはまっ先に娘をエディーのところへ引っぱっていった。「あなたのダディーよ！」

ダイアンは困ったような表情を浮かべた。そして子供部屋に行って、エディーの写真をとってきた。

「違うわ」ダイアンは泣きだした。「これがわたしのダディーよ」

そして、家のなかには、ダイアンのほかにもエディーをてこずらせる女性がもうひとりいた。

●トイレに投げ捨てた指輪

エディーが帰って2、3週間すると、母の日がやってきた。ルースはその日を大いなる期待を込めて待っていた——なにしろ夫がそばにいるはじめての母の日なのだ。子供のころ、母の日も、他の祝日同様、とっても大事な日だった。その日の朝、母親は何もしなくてよく、まだベッドにいるうちに、家族がプレゼントと花を運んできてくれるのである。たとえば、大好きな花のひとつであるオランダカイウくらいはかならずもらえる。オランダカイウは当時のドイツではとても珍しい花だった。ルースは、エディーが自分のためにどんなプレゼントを用意しているのか、早く知りたくてうずうずしていた。なにしろ、最初の2回の母の日は、エディーが戦地にいるあいだに過ぎてしまったのだ。期待はいやがうえにも高まった。

母の日の朝、ルースは目を覚ますと、部屋のなかを見まわした。まだ花もない。エディーは眠っている。ベッドで食べる朝食もできていない。しかたなくベッドから出て、ダイアンに食べ物を与え、朝食を始めた。

〈ふーん。きっとあとになるんだわ〉とルースは思った。

そうではなかった。午後になってルースは、エディーは何もするつもりがないのだと悟った。プレゼントも、花も、「母の日、おめでとう」のひと言さえない。ルースはむかむかしてきた。1年半、独りで娘を育てたというのに、エディーは母の日さえ忘れている？

午後遅く、ささいなことで喧嘩が始まった。きっと、ゴミの日がどうしたとか、最後のピクルスを食べたのはだれ、といったつまらないことで言い争いが始まったのだろう。だが、それはすぐに大爆発を起こし、ずっと深刻な喧嘩になってしまう。ルースは突然、泣きだした。

「……それに……それに……あなたって、母の日も覚えていなかったのよ！」ルースは金切り声をあげて責めた。「なんで忘れられるの！　信じられない！　わたしがこんなに頑張ってきたというのに！」

「えっ？　ちょっと待った」エディーはめんくらい、あわてふためいた。

「まったく、あなたって、どういう人なの？」ルースは、大声を張り上げ、責め立てつづけた。「いっしょに過ごせる最初の母の日に、自分の妻を、自分の子供の母親を忘れたのよ！　いったいぜんたい、あなたってどういう人なのよ！　わたし……わたし……もう……耐えられない……」

ルースはトイレへ駆け込み、泣きながら結婚指輪をはずそうとした。そして、ほんとうにはずしてしまい、便器のなかに投げ入れ、排水チェーンに手を伸ばした。だが彼女はチェーンを引けなかった。

エディーもすぐに追いかけてきて、何度も何度も謝りながら、便器のなかから指輪をすくい上げた。彼は弁解などしなかった。ただこう説明した。今日が母の日であることも、母の日には何をすればいいのかも、知らなかった、と。

エディーは祝日など関係なく育った。というか、ルースのように祝日を大事にする気持ちを植えつけられずに育った。ハヌカー(神殿清めの祭り)に玩具をもらったこともなかったのだ。簡単な誕生祝いくらいはしてもらったかもしれないが、母の日なんて頭からすっぽり抜けていたはずだ。家庭がどういうものであるかは両親から学んだが、父も母も祝日を忘れても平気だったし、父親や夫のあるべき姿をエディーにわざわざ教えようともしなかった。だからエディーには学ぶべきことがたくさんあった。ただ、学習意欲は旺盛だった。そしてルースは喜々として彼に教えた。

何か問題が生じると、ふたりは徹底的に、ときには夜を徹して話し合った。喧嘩が議論になることも、議論が喧嘩になることもあったが、どれだけ激しくやり合おうと、行き着く先はいつも同じだった。ふたりは融和し、お互い理解を深めるのである。

エディーはプレゼントを買うのが好きになった。ときには何の理由もなく買いたくなった。

「たとえば、宝石店の前を通りすぎようとするでしょう」ルースは思い出す。「するとエディーがこう言うの。『なかに入ろう。何か買ってあげる』誕生日でも何でもないわよと、わたしは言うんだけど、そんなの関係ないの。彼はわたしに何か買ってやりたくてしかたないわけ。わたしだって、断る理由なんてないわ」

ルースとエディーは3人の子供を育てあげ、63年にわたる結婚生活のあいだ、祝日をひとつ残らず楽しく祝ってきた。そして、お祝いを愛する気持ちを、子供と孫にも受け継がせた。ある記念日には、子供も孫も、全家族が東洋の服に身を包み、ミニ東屋《あずまや》まで用意して、中国をテーマにしたパーティーをした。ある年の過越《すぎこ》しの祭りには、息子のデイヴィッドが居間にテントを張り、みんなに出エジプト（イスラエル人のエジプト脱出）を演じさせた。また、ある年のハヌカーには、娘のダイアンが、家族全員にルースの母親の彫像をひとつずつプレゼントした。それは、ムッティとみんなに呼ばれていた母親が、クリスタルのボウルをひとつ持っている像だった。そのボウルがまた、ナチから逃れるときにはなんとか割れずにすんだのに、カリフォルニアの地震にはあえなく砕かれてしまったという、いわくつきのものなのだ。

そして、シャバトになると、ルースとエディーの孫と曾孫がムッティの像のまわりに集まり、彼女に特別な歌を捧げる。それはルースがよく母親に歌ってあげた、一家の主婦を称える歌だ。エディーはそれを見ながら、自分はやはり両親から父親のあるべき姿を教わらなかったのだろうと思わずにはいられない。だが、エディーは自分の誤りをみずから進んで素直に認めたので、学ぶことができた。

「知恵は頭のよさとは違う」とエディーは言う。「知恵というのは経験に根ざしているんだ。**生きていくことによって学ぶもの、それが知恵さ**。相手への思いやりが充分にあれば、どんな問題でも乗り越えられる」

ルースとエディーは戦争中にやりとりした手紙をいまだに持っている——なんと2千通以上ある。2年前、家族に説得されて、それを引っぱり出してみることになった。古い革のスーツケース（ルースがドイツから脱出したときに持っていったもののひとつ）に入れられて63年、もうぼろぼろになって読めないのではないかとエディーは思った。保管場所も長い年月のうちにガレージから地下室、屋根裏部屋へと変わった。きっと朽ちているにちがいない。ところが、掛け金をはずしてスーツケースを開いてみると、あった、手紙が、昔のままに。

ふたりは順番に並べられるように番号をふり、お互いに手紙を読んで聞かせるということを始めた。毎晩それを続ける週もあれば、2、3週間あけて再開するということもあるが、ルースとエディーは手紙を読みあげるたびに、ふたりが当時どれほど愛し合い、いまも愛し合っているか、思い出さずにはいられない。

記憶からほぼ完全に消えていることが書かれている手紙もたくさんある。これからもルースは、エディーのとりわけ情熱的な文章を読んで、顔を赤らめるということがあるだろう。エディーのほうは、ダイアンの1年目の成長を事細かに綴ったルースの手紙を読んで、遠方にいる自分に子供のすべてを伝えようとする若き妻の献身ぶりを思い出さずにはいられないだろう。封書の一通一通に、すばらしい驚きが詰まっているのである。

そして今日、ふたりは居間のソファに1インチも離れずに座り、アンティークの箱のなかにうずたかく積まれた自分たちのラブレターを感嘆の表情を浮かべて眺め、多くの違いを乗り越えて互いに理解し合えるようになるまでには厖大な努力が必要だったことをあらためて確認する。

「理解しようといくら頑張っても」ルースは強調する。「相手を完全に理解するなんてできやしないの。それが基本、どうにもならないことなの」

エディーが、わたしにしゃべらせてくれという合図をする。「互いのむかつきを解決する鍵のひとつは――」と彼は話をまとめにかかる。「相手の役を演じてみようとすることだね。**心のなかで相手の代役をしてみるんだ**。すると、たいていは、自分のほうにも正しくないところがあることが見えてくる。それから、**喧嘩を選ぶということ**。バランスのとれた見方をして、無駄な喧嘩をしないことさ。こう自問してみるんだ、これは**ほんとうに妻に去られてもいいくらい自分にとって重要なことなのか**、とね。冷静になってそう考えると、たいがいのものは取るに足りぬものになる」

「で、わたしらはモットーをひとつこさえたんだ」エディーは続ける。「言い方はいろいろあるんだが、ふつうは、『離婚は――』」

「それはわたし！　わたしに言わせて！」ルースが割り込む。

「わかった、わかった」エディーは譲り、顔を近づけて自分の額をルースの額にふれさせる。

「これはもう何度も言ったことなの。『離婚を考えたことはありますか?』と訊かれたときにね。ふつうわたしはこう答えるの——本気でよ——『離婚? あるとしても、めったにないわね。夫殺しなら、よく考えるけど!』」

3

困難に直面したとき、どうすればいいですか？

ボブとロロレイ◎ブラウン夫妻（P119〜）

ジムとマリー◎フーテン夫妻（P128〜）

●ジェイスンの悩み●

結婚というバラのベッドにあるトゲが怖い

マットが両親の離婚を打ち明けた朝の記憶は、14年後のいまでも頭に鮮明に焼きついている。人間の性格があれほど劇的に変化するものであることを知ったのも、あれほど傷ついた目を見たのも、あとにも先にもその日だけだ。

マットがスクールバスに乗り込んできた瞬間、変だぞっと、ぼくは思った。なにかこう、すべてがおかしいのだ。いつもなら元気いっぱいおどけてみせて、ぼくら中学の仲間を笑わせるのに、その日にかぎって、フードを目深にかぶって顔を隠し、ひと言も言わずにぼくの隣に座ったのだ。

気まずい沈黙がしばらく続いたあと、ぼくはどうかしたのかと訊いた。が、答えはない。めげずに、もう一度訊いた。

「親が別れるんだ」マットは顔を上げずにぼそっと言った。

「きみの親が?」ありえない。ぼくはマットの両親が仲良しだということを知っていた。

「冗談だろう?」

返事はない。

「わからんなあ」ぼくは言った。「別れるって、どういうことだい?」

「離婚するんだ」マットは吐き捨てるように言った。「ほかにどう言えばいいってんだ、クソったれめ」

ぼくはびっくりした。マットはそれまで一度だってそんな悪態をついたことがなかったからだ。ほかの人にはともかく、親友のぼくには絶対に。それに、あの目——嫌悪感と激しい敵意のこもる、充血した涙目——のせいで、マットは実際の年齢より10歳は上に見えた。そりゃそうだろう。なにしろ、しっかりとして揺らぐことのなかった愛に満ちた家庭がなくなってしまったのだ。慣れ親しんだ生活が消えてしまったのだ。険しいマットの顔が、ぼくにはこう言っているように思えた——おまえがさらに問い詰め、どれほどひどい気分か**しつこく**知りたがったりしたら、おれはためらうことなく、ぼこぼこにぶちのめしてやるぞ。

ぼくは友だちには〝世間知らずの甘ちゃん〟と思われていた。ぼくにとって離婚は、まったく理解できない別世界の出来事だった。いや、それどころか、夫婦喧嘩だってそうだった。友だちの親のなかには、酒や麻薬におぼれたり、自殺衝動につき動かされたりする者たちさえいて、夫婦で一晩おきにののしり合い、皿を投げ合うこともあるというのに、ぼくはといえば、そんなことがまったく起こらない、保護されたのどかな世界で育った。ダッドは家で夕食をとるため午後6時きっかりに帰宅した。そして、マムと愛情のこもった〝ただいま〟〝お帰りなさい〟の挨拶。たしか、唇をチュッとふれさせていたと思う。マム手作りの料理はすでにできていて、テーブルに運ばれる。マムはみんなのグラスに脂肪分の少ない1パーセント・ミルクをたっぷりそそぎ、サラダをまぜる。ぼくは兄弟姉妹とともにテーブルにつき、その日の出来事を披露し、みんなで楽しく語らう。そして、ぼくはキャセロールをダッドよりもたくさん食べようと頑張る。

うぶなせいで、ぼくは結婚についても甘い期待をいだくようになってしまった。特別な人、相思相愛の女性を見つけさえすれば、あとはもう絶対にうまくやれる、と思い込んでしまったのだ。そりゃあまあ、アスパラガスにするかエンドウマメにするか、ペンキを赤にするか緑にするか、といったつまらないことで意見がくい違うこともあるだろう。でも、そうした問題は、ぼくたちがコミュニケーション技術をみがけば、パッと（それこそ、指を鳴らす音とともに？）消え去るものだと、ぼくは思い込んでいた。たとえば、今夜アスパラガスにして、明日の晩はエンドウマメにすればいいし、寝室の色も彼女の側を赤にして、ぼくの側を緑にすればいい――それで問題は解決してしまう、というわけだ。結婚なんて自然と長もちするものだと思い込んでいた。

だから、**若い人たちの結婚に欠けている第一の美徳は、相手を真剣に思いやる気持ちだ**と、〈マリッジ・マスター〉（結婚の達人）たちに何度も何度も繰り返し言われて、ぼくの思い込みはようやくはがれ落ちていくことになる――〈彼らが言いたいのは、結婚はむずかしいということなのか？　結婚には努力が必要だということなのか？〉という疑問を、ぼくはようやくいだくことになる。

まったくもって、ぼくという人間は〝世間知らずの甘ちゃん〟なのだ。

統計によれば、破局を迎える結婚の大半が8年以内にそうなる。ぼくと同じような期待をいだく人間だったら、きっと8カ月ともたないにちがいない。ここで、誤解がないよう、はっきりさせておきたい――一生涯続く幸せな結婚は、膨大な努力と頑張りの上に成り立っているのであり、いくつもの危機を乗り越えてはじめて得られるものなのだ。もう我慢できない、もう離婚したいと、お互いに思ったとき、逆に、今後どのようなことがあろうとも、あくまでも結婚を続けるのだという決意を新たにすることによって、揺るぎない関係ができあがるのである。〈マリッジ・マスター〉たちがよく使ったのは**〝粘り強い〟**

という言葉だった〉

といっても、〈マリッジ・マスター〉たちはくさいものにふたをし、我慢して口をつぐみ、40年以上をみじめに暮らしつづけたというわけではない。実際はその逆で、彼らの言う〝相手を真剣に思いやる〟というのは、相手の立場に立って考え、何よりもまずふたりがともに幸せになれる状態を再発見して危機を乗り越えるということなのである。だからそれは、謝るということ。許すということ。謙虚になるということ。献身を果てしなく積み重ねるということ。関係が限界点に達してしまったら、何かを変えなければいけない——離婚すればいいという問題ではないのだ。ある〈マリッジ・マスター〉が言ったように、「結婚は人生でいちばん骨の折れる仕事」なのである。

多くの〈マリッジ・マスター〉たちが、夫婦でともに乗り越えた苦境——破産、鬱病、長期入院、自然災害、交通事故による瀕死の重傷——について話してくれた。話しているうちに、息子や娘を失った悲しみがよみがえり、突然泣きだしてしまった夫婦も何組かいた。言うまでもないが、そうした苦境が、強いきずなで結ばれている夫婦をも引き裂いてしまうことがある。しかし、互いに相手を深く真剣に思いやることで——さらに、**結婚はトゲもあるバラのベッド**だという揺るぎない信念によって——〈マリッジ・マスター〉たちはそうした苦境を乗り越える。それこそが彼らの結婚サバイバル・ストーリーに共通するテーマなのである。

●〝甘ちゃん〟がすべき努力

だが、夫婦のきずなを脅かすのは不可抗力の事態だけではない。心の葛藤、積み重なってふくれあがった憤り、傷つけられた信念なども、同じように夫婦のきずなを脅かす。

ボブとロロレイのブラウン夫妻が、オレゴン州の農家で結婚生活の最初の25年間を話してくれたとき、ぼくにもそれがしっかり理解できた。

ロロレイがふたりのなれそめを思い出し、語ってくれた。

「ボブが働いていた食堂《ダイナー》でコーヒーを飲んでいたときのことなんだけど、目の不自由な小柄な老人が1人入ってきて、ミルク・トーストを頼んだの。ウエイトレスはトーストが1枚のった皿と冷たいミルクが入ったグラスをテーブルにどんとおいた。老人は手をはわせ、トーストとミルクを見つけて言った。『いや、マーム、トーストをボウルに入れて、ミルクは温めてほしいんです』すると、ウエイトレスはいかにも面倒くさそうにがたがた音をたてながら戻ってきて、トーストとミルクをひっつかむようにして下げた。そして、トーストをぐしゃぐしゃにつぶしてボウルに入れ、その上に冷たいミルクをかけ、持ってきたのよ。

ところが、ボブがその一部始終を見ていて、盲目の老人のところへ行って、どうしてほしいのか尋ねたの。老人は説明し、ボブは『よくわかりました』と言ったわ。ボブは新しいトーストを焼き、それを細かく切ってボウルに入れ、温めたミルクといっしょに持ってきたの。

その瞬間、わたし、恋してしまった。完全に愛してしまったの」

だが、結婚して24年、このボブへの〝完全な愛〟がいつのまにかロロレイにもよくわからないものになってしまっていた。多くの男と同じようにボブも、結婚生活に入ったとき、生活費を稼ぐのが妻子への愛を示す最良の方法だという考えだった。そして、すぐに生活の資を得ることだけが愛を示す方法になってしまう。朝の6時から夜の9時まで食堂をとり仕切り、帰宅するときにはエネルギーをすべて使い果たしている。子供の授賞式、保護者面談、スポーツ行事には一度も出席しなかったし、家族といっしょに夕食をとるということもなかった。妻にふれることはめったになかったし、むろん妻と話し合うこともなかった。

そういう話になったとき、ボブはきまり悪そうに下を向いてシャツのボタンを見つめていた。ロロレイは、自分が限界点に達したときのことをくわしく語りだした。

「結婚の誓いの言葉を口にしたとき」彼女は真剣な顔をしてマットとぼくに言った。「わたしは心の底から、ほんとうにそうするんだと思ったの。絶対にその言葉どおりにするんだと、とても真剣になって誓ったのよ。でも、二十何年ものあいだ、夫も子供たちの父親もいないという生活が続いて、もうたくさんだと思ったの」

ロロレイは言葉を継いだ。「で、ある夜、ついに爆発し、自制心を失ってしまった。その夜、夕食のとき、わたしはテーブル越しに息子と娘を見つめたの。ふたりとも、もうほとんど大人。もちろんボブはいない。突然、父親はこの子たちの成長をまったく見てこなかったのだという思いが頭にパーッと広がり、もう我慢できなくなってしまった。わたしは皿を流しに投げ捨てると、外に飛び出し、野原まで駆けた。そして夜空にきらめく星々に向かって声をかぎりに叫んだの。『神様、死がわたしたちを分かつまで……と、たしかにお約束いたしましたが、もうだめです、この結婚はうまくいきません。ですから彼かわたしのどちらかをどうぞ天にお召しください！』と」

「助かったよ」とボブが複雑な笑みを浮かべて言った。「そのころ神様がご自分なりのやり方を通され、ロロレイの願いをお聞きとどけくださらずにね」

ボブは続けた。「しかし、『結婚がうまくいっていなかった』という言い方では、弱すぎて話にならんね。当時わたしらはお互い相手がいやでたまらなかったんだ。わたしのほうは、家族との関係を犠牲にせざるをえない、しっかりとした理由があると思い込んでいた。働いて生活費を稼いでいるのは自分だけなんだから、家族との関係にはそれほど力をそそがなくてもよいと思っていたんだね」

「わたしたちの結婚はもうだめというところまで行ってしまっていたわ」ロロレイが言葉を挟んだ。

ブラウン夫妻が自分たちの不和の話に深く入り込めば入り込むほど、ぼくはますます不安な気持ちになっていった。親に離婚された友だちと交わした家庭不和についての会話が次々に頭をよぎり、不和の真の原因というのは――ブラウン夫妻の場合もそうであるように――なんでいつもこんなに複雑にもつれているのだろう、と思わずにはいられなかった。そのもつれを解いて、問題を解決するなんて、それこそだれにも、助けを求められる結婚カウンセラーにだってできやしないのである。こうした問題は、〝そんなの簡単に乗り越えられるじゃないか〟とぼくが思っていたアスパラガス対エンドウマメ騒動とはまるで違う。それはずっと根深い問題で、その上にはミスやら誤解やらが何層にも積み重なっているのである。それは、何年、ときには何十年にもわたって、気づかなかったり、プライドを大事にしすぎたり、現実を拒絶したりした結果なのだ。羞恥心にとらわれすぎて、同様の結果を招くことさえある。そうした危機を一発で解決する短縮ダイヤルなどというものはない。

　この厳しい現実にぼくはぶちのめされた。なぜって、ぼくは、手っ取り早く解決できそうもない人間関係の問題に直面した場合、かならず〝逃げる〟という万能策に頼ってきたからである。一目散に逃げてしまうのだ。絶対に後ろを振り向かない。質問にも答えない。ただ肩をすくめ、ちょっと自虐的に〝ぼくってやっぱり人間関係恐怖症なんだよな〟なんて、つまらないことを言ったりして、〝結婚していたわけではないんだから〟逃げ出したっていいじゃないかと自分を説得し、ひたすら逃げつづけ、単純で楽な独身王国へと舞い戻ってしまうのだ。

　結婚したら、そういう考え方や行動も変えられると、ぼくはのんきに考えていた。そのときになったら、結婚から逃れようとあがくのではなく、結婚を維持しようと闘えばいいんだ、と。しかし……ほんとうにできるのだろうか？　ボブとロロレイの危機の物語をあれこれ考えながら、ぼくは自問せずにはいられなかった——〈結婚して、こんな危機に直面したら、どうやって乗り越えればいいんだろう?〉と。

「こういうときにいちばん大事なのは」ロロレイが声を強めて言った。「**そもそもこの人となぜ結婚したのか、それを思い出すことよ**」

「そのとおり」ボブがあとを受けた。「わたしはこう考えたんだ。『そもそも自分がかつて彼女のご機嫌を懸命にとった理由があるはずだ。彼女のことを世界でいちばん大切な人だと思った理由があるはずだ』とね。で、わたしは自分をそういう昔のモードに戻すことにしたんだ」

「ところが、わたしはそれにはまったく応えなかったの」ロロレイが言った。

「彼女はうたぐり深かったんだ」ボブは言う。「それが最大の障害になった。なにしろ20年以上もないがしろにされた結婚を生き返らせようとするんだからね——かつてわたしらがもっていた結婚への信念をとりもどそうというのだからね。謙虚さと我慢がそりゃもうたくさん必要になったよ——」

「それから、わたしとの長いドライブもね」ロロレイが言い添える。

「そして、25回目の結婚記念日に」ボブは続ける。「わたしらは結婚の誓約を再び行うという目標を達成したんだ。わたしにはとても象徴的なことだったよ。男がはたしてコミットメント（結婚すなわち愛・献身・思いやり）という言葉を完全に理解できるかどうかということになると自信はないが、わたしはその年、たしかにそれについてたくさん学んだよ」

「よくわからないのですが」マットが言った。「あなたは何を変えたのですか、ボブ？仕事ですか？」

「いや、態度と心構えさ」ボブは答えた。「外から見える変化は、彼女を関心をもって見守り、気を配るようになったことくらいだろうね」

「そうよ、あなたたち」ロロレイはやさしい笑みを浮かべてぼくたちに言った。「女はね、そうされるのが好きなのよ」

「だが、いちばん重要な変化は心のなかで起こったということだろうね」ボブは続ける。「**言い寄っていたころと同じような目で彼女を見ようとしたんだ。**きみはわたしの人生でいちばん大切な人なんだということを、何度も繰り返し証明してみせようとしたんだよ。それで、一日一日がかつての〝自分たち〟をとりもどす新たな機会になった」

ロロレイが誇らしげにボブを見やり、夫の手をしっかりとにぎった。「いまはとってもよくしてくれているわ」そう言って、彼女は43年連れ添った夫に身を寄せ、愛のこもったキスをした。

ぼくはブラウン夫妻のような〈マリッジ・マスター〉たちから、自分の未来の結婚に役立つ最高の贈り物をいただいた。そこには、深い愛で結ばれるためのこの教訓――〝**解決不可能に見える結婚の危機**〟**の向こう側には愛へ戻る小道がある**、という教訓――も入っていた。それはひと目でわかる道ではないだろうが、あることは確かなのだ。進むのもそう簡単ではないだろう。しかし、歩きとおすのだという強い意志さえあれば、きっと目的地にたどり着ける。ぼくが結婚し、危機に襲われたら、ボブとロレイをはじめ、たくさんの〈マリッジ・マスター〉たちが、手をしっかりとにぎり合っていた様子を、きっと思い出すにちがいない。だってそれこそ、互いを深く真剣に思いやり、愛のきずなをかつてないほど強めた証なのだから。〈マリッジ・マスター〉たちにできるのなら、ぼくにだってできるはずだ。努力したらしただけのことはかならずある。

あれっ、ちょっと待った――いまぼくは〝努力〟なんて言葉を使っちゃったぞ。結婚はむずかしいということをついに認めた？　そう、認めたのだ、たしかに。

ボブとロロレイから、結婚の危機を乗り越えてすばらしい愛情関係を築くための教訓を授けられたあと、ぼくは両親からも自分たちの結婚について話を聞く機会があり、実はぼく自身がすでにその教訓の恩恵をこうむっていたことを知った。ぼくは両親に、生まれてこのかた28年間、ふたりが夫婦喧嘩をしているところを一度も見たことがないけど、なぜかな、と訊いた。

「それはね、おまえがまだ生まれていなかったからよ。わたしはね、結婚して1カ月もしないうちにこの人に言ったの――わたしたちもうおしまい、ってね」マムは答えた。「結婚がそんなに大変だとは思ってもいなかったのよ！」

〈アハッ！　なるほど〉とぼくは思った。〈その危機が克服されて、ぼくが生まれたというわけなんだ。ぼくのなかには生まれたときから結婚尊重の血が流れているんだ〉

「だから、こっちも言ってやったんだ――離婚という言葉はぼくの辞書にはない、とね」ダッドが言い足した。

これでやっと、〝世間知らずの甘ちゃん〟も完全に理解した。

「わたしの夫を返して！」――夫につきつけた手紙

――ジムとマリー◎フーテン夫妻（結婚歴54年）

〈わたしの夫を返してください！〉とマリー・フーテンは書いた。あわてていたので、尖った黒い字はいつもより乱れていた。なにしろ、1年間も考えつづけていた言葉をついに紙に書いたのだ。〈わたしが結婚した人はいなくなってしまいました――もうどこにもいないのです。夫を返してください〉

その手紙を封筒に入れて封をしてから、しばしためらい、ベッドのほうに目をやって、34年間いっしょに暮らした夫のジムを見やった。ジムはいつもの大酒を抜こうと眠っている。マリーはその飲酒癖をなんとかしてほしかったが、そうジムに告げる勇気がなかった。しかし、１９８４年の冬の夜、彼女はついに限界に達した。夫を愛してはいたが、もうこれ以上ふたりの生活を続けていくことはできない。

ここ1年のあいだに、ジムの飲酒癖は〝土曜の夜のビール２本〟から完全なアルコール依存症へと進行していた。アルコールを愛し、崇拝するあまり、友人や家族さえも失い、のちにジム自身が苦笑いして振り返ったように、神をも失ってしまっていた。

ジムが飲酒癖をなんとかしなければ、このまま結婚を続けることはできない、とマリーにはわかっていた。だが、夫がみずから進んで助けを求めることはないから、自分が何か思い切ったことをしなければいけない。だから、怒りと不満と悲しみを一通の手紙に込め、それを整理だんすの引出しに入れたのだ。明日の朝には、ジムも仕事に行けるくらいシラフになり、手紙を見つけるだろう。そう考えてマリーは、結婚を救うにはこれしかないと思えたことを実行に移した――夫との生活をやめ、出ていったのである。

自分の人生にこれほど劇的なことが起ころうとは、マリーは夢想さえしなかった。30年以上も結婚生活を続けてきたあとなのだから、なおさらだ。

ふたりは1951年に出会った。マリーが卒業を間近にひかえた高校3年生のときのことだ。あわただしい求愛のすえ、6週間後にふたりは結婚した。そして長いあいだ幸せに暮らした。ジムは優秀なセールスマンで、出世の階段をとんとん拍子に駆け上がったが、マリーと4人の子供を最優先する生活を変えようとしなかった。息子たちの野球チームのコーチをしたし、週末にはマリーと踊りにいき、教会でも夫婦いっしょに活発に活動し、カレンダーは付き合いの予定で埋まった。

最初は、夜に出かけても、ふたりとも酒は2杯でやめていた。友人といっしょに《エルクス・クラブ》でステーキ・ディナーをとったり、《在郷軍人クラブ》でギャンブルをしたりして、ビールやカクテルを1、2杯、楽しむ程度だった。しかし、夜のお楽しみ外出時に占める酒の位置がしだいに大きくなっていって、ついには人付き合い全体が酒を中心にしてまわるようになってしまった。

ジムは自分が問題をかかえていることに気づいたが、それを友だちには隠そうとした。アルコール依存度が高まるにつれ、マリーとの夜のお楽しみ外出もどんどん少なくなっていった。ジムの病気はさらに悪化し、ついには肝臓がアルコールを代謝できなくなってしまい、たった2、3杯飲んだだけで完全に酔っ払ってしまうようになる。そういう姿を見られるのはいやなので、人を避けるようになったが、それでも飲まずにはいられなかった。そこで自宅で飲むようになる。家でなら、安心して泥酔し、7時30分にはベッドに入ることができ、人前で恥をかくこともない。

マリーは友だちからの招待を辞退するようになった。どこへ行ったって、夫のジムは酔っ払って眠ることしか考えないからだ。マリーはダンスをするのも友人と語らうのも外に遊びにいくのも大好きなので、毎日がつまらなくなってしまったが、友だちを避けつづけた。

ジムが、みっともない姿を人に見られたくないと、はっきり言っていたからである。マリーは以前のように友人たちと楽しみたかったけれど、夫に恥をかかせることは絶対にしたくなかった。

友人からの誘いはだんだん少なくなっていき、ある日ついに完全に止まってしまった。マリーは生活をかえりみて、自分がひとりぼっちであることに気づく。何度も誘いを断ったのだから旧友たちとは疎遠にならざるをえず、子供は大人になって自立してしまったし、ジムは感情的にも精神的にも死んでしまったようなものなのである。

結婚が深刻なトラブルに見舞われていることはわかっていた。が、ジムの飲酒癖が実際にもたらしつつあったダメージの甚大さに、マリーもまだ気づいていなかった。当時はふたりともアルコール依存症がどういうものかまだ正確には把握していず、それが問題を大きくした。

ジムは自分の販売担当地区に行くのにスラム街を通り抜けなければならなかった。戸口で眠り込む酔っ払いをまたぐこともあり、アルコール依存症というのはああいう連中をいうのだと思っていた。たしかに、そうした壊れてしまった哀れな男たちとジムとのあいだには、何の共通点もなかった。だってジムは、仕事を一日も休まず、交通違反切符を切られたこともなく、外見上は良識のあるまじめな所帯持ちにしか見えなかったからだ。

　マリーはまた、ジムの飲酒癖は単なる悪癖にすぎないと思い込んでいて、それが立派な病気だということに気づいていなかった。実は彼女の父親も、外見上はまったく問題がないように見えるアルコール依存症で、ちょうどジムのように、自分の中毒をなんとか隠し通した男だった。そういう父親を見て育ったので、マリーは夫のアルコール依存症のサインを見落としていたのだ。彼女にとって、ジムとの生活は、父との暮らしと何ら変わるところがなかった。

　さらにほかにも類似点があった。幼いころからマリーは、家族会議では父親が最終的な決定権をもつと――父親の言うことが絶対なのだと――教えられてきた。だから結婚しても、夫に完全に従ってきた。家庭のことで何か決めなければならないときは、ジムの言葉が法律だった。家庭のことをどうするかで、マリーが口出ししたことは一度もなかった。その12月の晩に、彼女がジムに手紙を書く勇気をふるい起こすまでは――。

〈わたしの夫を返してください！〉

　そのひと言で、マリーはついに発言する力を獲得したのだ。

●「助けてほしい」

1984年のクリスマスの2日前、ジム・フーテンは眠りから覚めるや、頭がずきずきし、胃もむかむかして、このままではすぐに生活が破壊されてしまうという不安にかられた。

たとえ内面はめちゃくちゃになっていようとも、外見上はしっかりした生活を維持できている――よい仕事をもち、愛妻がいて、美しい家庭がある――ということを、ジムはこれまでずっと自慢してきた。しかし、マリーの手紙を読んで目が覚めた。生まれてはじめてジムは、自分がすべり落ちつつあることに気づいた。販売成績も落ちていたし、結婚生活もいまや台なしになろうとしていた。くずれ去ろうとする自分の人生をつなぎとめるには、酒をやめるしかなかった。

マリーはメキシコに住む長男の家を訪れ、そこで2週間過ごしたので、ジムは妻のいない生活がどういうものか垣間見ることができた。暗澹《あんたん》たる気持ちになり、壊れかけの結婚を修復したいのなら自分を立て直すしかないと思った。ちょうど新年だったので、心ひそかに断酒する決心をした。

しかし、自分ひとりでは太刀打ちできないほどアルコール依存症は進行していた。マリーが戻って2週間後、フーテン夫妻は娘の家で催されたスーパーボウル・パーティーに参加した。ジムは義理の息子へのプレゼントという名目でビールを1ケース持っていった。そして、結局、そのほとんどを自分で飲んでしまう。家に帰ってからも、すでに酔っていたにもかかわらずジムは、さらにビールをチェーサーにしてブランデーを2、3杯飲んでしまった。シャワーを浴びにいき、ずきんずきんする頭を水に打たせていたとき、不意にひらめくものがあり、やっと気づいた。これは自分ひとりでは乗り越えられない、ということに。

ジムは考えた。すでに、ひとりで断酒しようとして失敗している。マリーの一時的な家出がなければ、自分はこの問題に立ち向かおうとさえしなかったのではないか。本気で打ち勝つつもりなら、マリーの助けが必要だ。

シャワーから出るとジムは、いちばんいいスーツに最高のネクタイを締め、居間へと向かった。ソファにはマリーが座っていた。ジムは妻を見つめ、泣きだした。

「助けてほしい」

マリーも目にいっぱい涙をためて、ソファから立ち上がり、両腕で夫の体をやさしくくるんだ。マリーがメキシコから戻ってきても、ジムは手紙のことにはひと言もふれず、読んだことを認めようとしなかったが、彼女は涙を流しながら助けを求める夫の姿を見て、メッセージはしっかりと伝わったのだと知った。

いまはジムも、当時を振り返って、「アルコールが神に取って代わったのだ」とジョークを言うが、マリーのほうは信仰を失ったことは一度もない。生まれてこのかたマリーは、自分ひとりでは対処できない問題にぶつかったときには、かならず神に助けを求めてきた。ジムに手紙を書いたのも、そうやって神にどうしたらいいのか尋ねたということなのだ。「いつものように」とマリーは含み笑いをもらす。「神様はよい答えをくださったわ」

ジムはその夜のうちに宿泊型のアルコール依存症治療施設に入った。シラフへの旅が始まると、ジムはすぐに信仰をとりもどした――神だけでなく、アルコホーリクス・アノニマス（アルコール依存症者の自助組織《無名のアルコール依存症者たち》）の12ステップを、妻を、そしてとりわけ自分自身を、信じられるようになった。ジムは治療施設に31日間とどまり、中毒を克服した。

マリーもジムがいないあいだ、自分にできる努力を重ねた――アラノン（アルコールまたは薬物依存症者たちの家族・友人のための自助組織）でいろいろ学んだのだ。アルコール依存症という病気のことを、回復期のジムを支える方法を、学んだ。自分はひとりではないということも学んだ。だが、この時期に彼女が学んだいちばん重要なことは、自分も夫婦関係について発言してもいいのだということだった。彼女に手紙を書かせたのは、これだけは言わずにはいられないという切実な思いだった。そして、そうやって声をあげたからこそ、望みをかなえることができ、夫をとりもどせたのである。

ジムが治療施設から帰ると、ふたりの生活は再び変わった。今度はよいほうに。ふたりは、残っていた数少ない友だちを失ったが、彼らは完全な飲み友だちだったから、当然のことだった。ふたりは一から新たな友人関係を築きはじめた。そうやって、アルコール抜きのお楽しみ外出や人付き合いをする方法を見つけた。そして、結婚生活を上手にいとなむ新たなやり方を探しはじめ、夫と妻の両方が意見を述べ、互いに相手の意見をきちんと聞くという方式を採用することにした。だが、最大の収穫はなんといっても、相手への愛と深い思いやりを再発見できたことだろう。かくして、いっしょにいるかぎり、どれほど高いハードルでも飛び越えることができると、ふたりは悟ったのである。

ジムが居間に立ち、妻に助けを求めてから20年、彼は一滴も酒を飲まなかった。酒を断ちつづけている父の姿を見て、それぞれアルコール依存症と苦闘していた3人の息子たちも勇気づけられ、進んで治療を受けるようになり、いまではフーテン家の4人の男たちはみな、完全にシラフのままで生きていけるようになった。

あの雪の降る夜、結婚生活を変えることになる手紙をジムに書いたことを、マリーはまったく後悔していない。ふたりが54年にわたる結婚生活のなかのあの困難な一年を乗り切れたのは、ひとえにマリーが夫を信じ、愛と深い思いやりを発揮したおかげなのだ。いまでもふたりの歩む道にはときどき凸凹が生じるが、真の愛と深い思いやりさえあれば何の心配もいらない。

「結婚には日々の努力がどうしても必要になるわ」マリーは自分の手を夫の手にさりげなく重ねたまま、肩をすくめた。**「いい日もあれば悪い日もあるの。**結婚するときは、みなさん、これで豊かな楽しい生活と健康を手に入れられると思うけどね。結婚の誓約をするときに、そのうち神様に困難を乗り越えるよう求められる日がかならず来ると悟らないといけないのよ、ほんとうは。貧しくなることだって、病気になることだってあるんだから」

「でも、そういうときでも、アルコール依存症の治療で教わったように――」ジムがにっこりマリーに微笑みかけながらつけ足した。**「毎日少しずつ努力し……決してあきらめないことさ。**それしかやり方はないんだ」

愛に見切りをつけてはならない。何が起きても！

——デイルとコリーン◎ゴールドスミス夫妻（結婚歴50年）

デイル・ゴールドスミスがゆっくりと受話器をおいたとき、妻のコリーンが居間に入ってきた。

「スティーヴ・グーシックが死んだ。自殺したんだ」デイルは言った。

「あら、まあ！　恐ろしい。なんでそんなことをしたのかしら？」コリーンは訊いた。

「不景気のせいさ」デイルは答えた。「全財産を失ってしまったんだ。担当していた賃貸不動産をすべて失い、歩合収入がまったく入ってこなくなってしまった。うわさによると、妻に出ていかれるのではないかとスティーヴは思っていたようだ。2、3カ月前にアートが女房に出ていかれたようにな。それで、キッチン・テーブルにつき、妻への書き置きをしたため、弾丸を1発、頭にぶち込んだというわけだ」

スティーヴはニューバーグの不動産会社の社員で、デイルはその会社の課長だった。社長はアートで、会社は35ほどのオフィスと数百人の従業員で地域全体をカバーしていた。だれもが、仕事を、ボスを、愛していた。不況に襲われるまでは、全員が高収入を得ていた。

どう考えればいいのか、デイルにはもうわからなくなっていた。あの美男で魅力あふれる野心的な若者、スティーヴにも起こったのだから、もうだれも安全ではないのではないか？　少しずつだが、希望も計画も、さらには家庭の安全でさえも、それこそあらゆるものが、くずれはじめているように思えてきた。

夫の心を読んだかのように、コリーンはデイルを安心させようとした。「心配いらないわ。わたしたちはなんとか乗り切れるわよ」

デイルは妻に微笑みかけた。彼はだれもが〝救いがたい楽天家〟と認める男だった。それをいま妻が思い出させてくれたのだ。

〈何か方法があるにちがいない〉とデイルは思った。よりいっそう努力し、わずかな可能性でもあきらめずに追いかけようと、彼は心に決めた。そうやって頑張り、家族のためにすべてを好転させるのだ。

数カ月、デイルは可能なかぎり懸命になって働いた。だが、何かが変だった。働いても以前のような喜びを得られないのだ。それは、人々が財布のひもを締めて不動産を買わなくなったせいだけではなかった。前のように情熱をふるい起こすことができないのだ。はじめデイルは、スティーヴの自殺がかなりこたえているのだろう、と思った。しかし、しばらくして、別の何かが進行しつつあることを認めざるをえなくなった。

デイルは、鬱《うつ》に苦しめられるようになっていたのだ。

最初は隠そうとして、何の問題もないようなふりをした。が、鬱状態がコリーンとの関係にも影響しはじめたので、ふたりは医師の診察を受けることにした。テストステロン（男性の性ホルモン）減少による性機能障害というのが、専門医の下した診断だった。

「原因としては、いろんな可能性が考えられます」医師は言った。「はっきりしているのは、何らかの原因であなたの体がテストステロンをつくらなくなってしまったということです。でも、大丈夫ですよ。注射をすればいいんですから」

「ほかの症状はどうなるんでしょう？」デイルは訊いた。「倦怠感とか——」

「毎月、来てくだされば、問題ないですよ」医師は請け合った。「注射一本でよくなります」

デイルとコリーンは医師に感謝し、医院をあとにした。

「これでよくなるわね」車まで歩く途中、コリーンが言った。「心配ないわ、でしょう？」

デイルは妻の手をにぎり、中途半端な笑みを浮かべた。たしかにふたりはこれよりも厳しい試練を乗り越えたことがある。だから、今回も大丈夫だと信じることだ、とデイルは思った。

こうして、数年間、デイルは律儀に月に1度病院に通い、注射を打ってもらった。だが、テストステロンの注射で性生活は改善されたものの、デイルをゆっくりとむしばんでいった気分の落ち込みや倦怠感はいっこうに緩和されなかった。いつも活力みなぎっていたデイルが、いまやベッドからやっとの思いで抜けだす朝もあるという状態になってしまった。80年代になると、不況も峠を越え、景気が上向きはじめた。

残念なことに、アートの会社はそれまでもたなかった。デイルは倒産に打ちのめされたが、なんとかその打撃からはいだし、急いでほかの会社に職を得た。仕事が見つかったとき、デイルとコリーンは、これで何もかも好転するだろうと思った。だが、相変わらず以前のような情熱はデイルのなかにわいてこない。最悪なのは、診てもらった医師のひとりとして、どこが悪いのか解き明かすことができなかったということだ。

コリーンには、夫がどれほどつらい思いをしているかわかっていた。自分も、何年ものあいだ、激しい疲労感に苦しめられ、ちょうどデイルと同じように、診てもらう医師という医師から、気のせいだと言われつづけた経験があったからだ。当時は慢性疲労症候群という病気が認知される何年も前のことではあったが、真剣に耳をかたむけてくれる医師がいないという苦痛と不満は耐えがたいものだった。だがデイルは、医師が何と言おうと、いつも親切で、思いやりがあり、愛してくれた。だから今度は、同じことを彼にしてあげるのだ。そう思ってコリーンは、一心に夫の世話を始めた。そして、たとえ何が起ころうとも、デイルをしっかりと支えていく決心をする。ちょうど、自分が最悪の精神状態だったときに支えてくれた夫のように。

さらに月日が過ぎて、デイルはそれまで楽しめたことにもゆっくりと関心を失っていき、楽しいと思えることがほとんどなくなってしまった。不動産の仕事も低迷を続け、1983年になると、ついに月収が330ドルにもならなくなってしまった。

二年後、デイルとコリーンは破産を申し立てた。

「これでよくなるさ」デイルはコリーンを安心させた。だが、そう言うのに、今度ばかりはかなりの努力を要した。彼はいつも疲れ切っていた。

コリーンも疲れていて、もっと体を動かせたらいいのにと、たえず思っていた。彼女はふたりが頑健だった若いころを思い出した。そのころは、30年後にふたりともがこんなに健康を害し、これほど貧乏になるとは、夢にも思わなかった。

知り合いの夫婦のなかには、デリーとコリーンが乗り越えてきたことに比べたら取るに足りないとしか言いようのないことで別れてしまった者たちもいた。そういう夫婦の別れを見るたびに、コリーンはとても悲しくなった。
といっても、夫婦仲がぎくしゃくするのがどういうふうなものなのか、コリーンが理解していなかったというわけではない。彼女はしっかり理解していた。夫婦仲が悪くなったせいで、不満がつのり、おびえ、困惑し、ときには腹を立てるというのがどういうものか、彼女は知っていた。にもかかわらず、夫のいない生活を思い描くことはできなかった。デイルはコリーンが愛したただひとりの男だった。

コリーンは、はじめて会ったときのデイルをいまでもありありと脳裏に思い浮かべることができる。長身でやせ細った17歳の男の子。いかにもアウトドアが好きそうな、いかつい顔つきに惹かれた。ずっと農場で育ったことで培われた責任感からくる大人っぽさも、気に入った。デイルはコリーンが最初にデートした男だった――そして最後のデート相手になった。デイルのほうは、まさに彼女のとりこになった。彼は両親に、教師たちに、話を聞いてくれる人にはだれにでも、〝この人〟という女性に出会ったんだ、と打ち明けた。コリーンはきれいでやさしく、話し方がものやわらかで、内気なところもあったが、ユーモアを解した。デイルは2歳年上ということなど気にもしなかった。コリーンはデイルの心をときめかせたのである。

●神様がくださったもの

デイルとコリーンの結婚生活には揺るぎない土台ができあがっていた。子供が5人いたし、30年たってもなお、ふたりは深く愛し合っていた。コリーンは夫を信頼し、今度もきっと乗り切れると信じていた。夫の手をにぎることが前よりも多くなっていた。

毎夜、ふたりは祈った。

それからの数年間がとくにつらかった。デイルは大変な努力をしなければ毎日仕事をすることさえできなかった。会社での立場は弱くなり、ついには仕事を失う危険性まで出てきた。1993年の春のある朝、デイルはついに落ちるところまで落ちた。

「デイル」とボスに声をかけられた。「わたしの部屋まで来てくれないか?」

「はい」

デイルはどういう話をされるのか知らなかったが、社長室に入ってドアを閉めた瞬間、これはいいことではないなと思った。

「デイル、わたしたちはきみのことが好きだし、きみはここに長いことといる」ボスは切り出した。「しかし、現在のきみのセールス成績では、きみの机にかかる経費さえ出ないんだ。きみが得る手数料では、利益なんてむろん望めないし、経費さえまかなえん」

「首ということでしょうか？」

「いや、いや」ボスは早口で言った。「まだそこまでは行っていない。だが、このままでは困る。早急にいくらか稼いでもらわんと、やめてもらわざるをえなくなる」

ついに来るべきものが来たのだ。

この最後通牒《つうちょう》にデイルは深く傷ついたが、驚きはしなかった。いちばん困ったのは、妻にどう言えばいいのかということだった。車を運転して家に帰る途中、彼はコリーンのことしか考えなかった。妻は何て言うだろう？　わたしのことを何と思うだろう？　コリーンはこれまでわたしをしっかりと支えてくれた最大の支援者だった。〈だが、だれにでも限界はある〉とデイルは心配した。〈なにしろコリーンは10年間もこんな状態を耐え忍んできたのだ〉

10年。もうまるまる10年もしつこい鬱状態に苦しめられているのかと思うと、全身に寒気が走った。その病気のためにいったいどれほどの時間を無駄にしてしまったのか。10年という長期にわたって、真綿で首を締めるように、ゆっくりと攻めてきた病気のせいで、デイルの生活はすでに、ほぼ全面的にマヒしてしまっていた。

玄関ドアから入ってきた夫をひと目見るや、コリーンは言った。「どうかしたの？」

「ボスに最後通牒を突きつけられてしまったんだ。成績が上がらなかったら、やめてもらう、と言われてしまった。でも、コリーン、わたしはもうこれ以上うまくはやれない。いまだって精いっぱい頑張って、できることは全部やっているんだから」

コリーンはデイルの手をとった。「わかっているわ。あなたはこれまでどおりこの家庭を維持していける。いままでずっとそうしてきたようにね。わたしはあなたを信じている。大丈夫、あなたはちゃんと暮らしを立てていけるわ。何か方法が見つかるわよ。心配ないわ」

デイルは安堵と感謝の念で泣きたいくらいだった。これほどの苦境にもかかわらず、妻がなお喜んで手を差し伸べ、支えてくれようとしているとわかり、自分は世界一幸せな男だと思わずにはいられなかった。

デイルとコリーンは話し合って今後のことを決めた。デイルは仕事をやめ、ボルボを修理・販売する自営業を始めた。

「こうすれば」とデイルは妻に言った。「いくらかの金は入ってくるし、たとえ体の調子が悪くて働けないときでも、ほかの人には知られないからね」

そうやって2年間、デイルは力のかぎり懸命に働いた。だが、両手と関節がたえず痛んだ。さらに右ひじを肩より上にあげることができない。歩きすぎると腰が痛む。腰が激しい炎症を起こし、立ち上がることも、椅子に腰かけることさえできなくなることも。しかたなく、学生を雇いはじめた。学生を仕込み、自分にはできなくなった仕事をやらせようとしたのだ。

そして、ある朝、セダンのホースを交換しようとしていたとき、突然、左目が曇った。霧がかかったようになったのだ。これは気のせいなんかじゃない。すべてがかすんで見える。

「目が見えなくなりそうだ、コリーン!」デイルは叫びながらキッチンへよろよろと入っていった。

コリーンは眼科医に連絡し、急患の予約をとった。診てもらうと、左目は完全に見えない状態、右目も50パーセントの視力しかないという。ところが、眼科医が紹介してくれた専門医が、長年ふたりを苦しめたミステリーを解き明かしてくれることになる。

「脳下垂体に腫瘍ができているのです」専門医は言った。「そのせいで、ホルモン・システム全体が狂い、視神経もダメージを受けたのです。これまであなたが苦しめられてきた鬱状態や体の不調もみんなそのせいですよ。あなたの腫瘍は少なくとも12年にはなりますね。大きいですよ」

〈12年だって!〉とデイルは思った。〈では、そいつが、わたしの人生をむしばんでいた張本人だったのか〉彼はすばやく計算してみた。12年前といえば、ちょうど、最初に専門医のところへ行って、テストステロン減少症との診断を受けたときではないか。あのとき、一連の検査を受けさせてもらえていたら、たぶん、まだ小さいうちの腫瘍を見つけることができたのだ! 突如、自分がかかえるあらゆる問題の謎が解けた。

「これで希望が見えた」デイルはコリーンに言った。「こいつをとりのぞいてもらえば、再び目が見えるようになるんだ」

その瞬間、コリーンも、これでかつての夫をとりもどせると確信できた。12年も苦しんだすえ、ようやく。

ふたりは腫瘍を切除する手術をすぐにやってもらうことにした。

手術の前、デイルとコリーンは神に祈った。ふたりは何十年にもわたって、健康はもちろんのこと、さまざまなことで祈りを捧げてきた。だが、今回デイルは、これまで以上に神に語りかけなければいけないと感じた。

デイルは祈った。

「ありがとうございます、神様。このようにすばらしい妻をお与えくださり、感謝いたします。別れてもおかしくないような厳しい時期に、妻は力になってくれ、支えつづけてくれました。思いやりと理解と愛をもって尽くしてくれたのです。お金のことで不平を言ったことも一度だってありません。何年にもわたって収入が減りつづけたときも、何か言いたくなるのがあたりまえなのに、不満ひとつこぼしませんでした。生活水準が下がったことや、わたしの体調不良についても、文句ひとつ口にしませんでした。働かないわたしを責めることもなく、怠け者呼ばわりすることもありませんでした。意欲を失ったわたしをそしることもありませんでした。

いや、それよりも何よりも、**神様、妻は一度も――ただの一度もわたしを疑ったことがないのです。わたしをずっと信じてくれたのです。**

神様、コリーンという妻をお与えくださり、ほんとうにありがとうございます。わたしは世界一幸せな男です」

手術後たちまち、デイルの体だけではなく気分までも回復しはじめた。奇跡的に視力も戻った。

最初の検査で、一方の目は20／20（1・0）、もう一方の目は20／50（0・4）だと、デイルは眼科医に告げられた。「これはすごい！」医師は驚嘆した。

「そんなに驚くことなんですか？」デイルは訊いた。

「だれにも言われなかったんですか？　神経をやられて視力を失った場合、ふつうは回復しないのです」

心の底から噴き上がってきたデイルの笑い声が、診察室に響きわたった。「だれにも言われませんでしたよ。また見えるようになると信じていたので、手術が待ちきれない思いでした！」

コリーンが夫の手をしっかりにぎりしめ、にっこり微笑んだ。

「これこそわたしの夫！」コリーンは言った。「夫が戻ってきたんだわ」

手術から10年以上たったいま、デイルとコリーンは所属する小さな教会の奥の部屋に並んで座っている。「**自分の愛に見切りをつけては絶対にいけない**」デイルが真剣な目をして言う。「とことんいっしょにいるべきだ。何をするにも、その場かぎりの盛り上がりや一時的な興奮によって動くというのが、いまの風潮になっているようだがね。結婚するというのは、相手を愛し、深く真剣に思いやり、気持ちがぐらついてそこから逃げ出すことが絶対にないような新しい生活を、ふたりでいっしょに創りあげるということなんだ。相手に対する愛と深い真剣な思いやりさえあれば、自分のなかにあるとは思わなかった力をかならず見つけることができるよ」

「わたし、若い女性にいつも言ってるの」コリーンが言う。「**彼がいなくても生きていけるんだったら……その人とは結婚しないこと、とね**」

4

どうすればロマンスの炎を燃やしつづけられるのですか？

モートとキャロル
◎ショーマー夫妻（P159～）

9-9-51
Carol Darling,
Minutes seem
like hours when
I'm not with
you. Love,
Mort

「1951年9月9日　キャロル、ダーリン
君がいないと1分が1時間にも思える。
愛をこめて、モート」

マーティンとドロシー ◎メイスター夫妻（P166～）

アルとパール ◎ストーン夫妻（P178～）

●マットの悩み●

セックスレスの結婚って……

〈セックスレスの結婚〉とかけて、いまのぼくなら、〈セントルイス、デンヴァー間のドライブ〉と解く。その心は、〈どちらも、おそろしく単調で退屈〉。違いといったら、ドライブにはガソリン代がかかるということくらいか。なにしろ、セントルイス、デンヴァー間のドライブときたら、土のかたまりを写真に撮って、それを車の窓の内側に貼り、シートに座ってその写真を一日中見つめているようなものなのだ。まっすぐでまっ平らの地平線に囲まれた、まっすぐでまっ平らの大地を突き抜ける、まっすぐでまっ平らの道を、15時間ひたすら走るだけなのである――それは人類が知るもっとも退屈な旅だ。

ある調査報告によると、男というのは5秒ごとに性的想像をするそうだ。はたしてそうだろうか？　ぼくの経験からすると、5秒ごとではなく、3秒ごとに性的想像をするとしたほうがより正確だと思う。だから、スーパーのレジの列に並んでいるときに、〈全既婚女性必見！　ロマンスに再び火をつける10の秘訣〉なんて表紙に書かれている光沢紙使用の立派な雑誌の激しい連続攻撃を受けると、いささかイライラする。そんなときはいつも、

「ロマンスの炎はどこへ行ってしまったのか？　全既婚女性とは、いったいどういうことなんだ？」と思わずにはいられない。涸れ果てた〝婚内ロマンス〟をなげく友だちがいると、ぼくは思わず訊きたくなる。「なんでそうなっちゃうの？　だって、きみたち、結婚してまだ2年じゃない！」と。これではブラック・ユーモアのジョークそのままだ。「おい、そこの喉が渇いている人、この井戸のなかに入れば、一生おいしい新鮮な水が飲めるぜ」と言う者があり、ぼくはついにその井戸に賭け、なかに入る。だが、底までおりてみると、水は涸れていた。（おーい……おーい……おーい。聞こえるかい……ぼくだよ……聞こえるかーい？　助けてくれ……助けて……助けてくれー）

もしも、既婚の友人がほのめかしたように、たった2、3年のうちにセックスをする意欲が減退しはじめるとしたら、結婚を20年、30年、いや、50年続けたら、〝婚内ロマンス〟はいったいどうなってしまうのか？　突然、ぼくの頭のなかに、最愛の妻と過ごす2050年ころのバレンタインデーの映像が浮かびあがった。

〈愛を誓い合うことになっているその日、妻はだらしなく部屋着に身を包み、毛羽立つスリッパをひっかけ、テレビのゲーム・ショーを観ながら、ドラッグストアで買った安チョコレートをむしゃむしゃ食べている。それは、どうせ夫は買うのを忘れるだろうと、自分で買ったチョコレートだ。そして、ぼくはというと、冷蔵庫に頭をつっ込み、なかをひっかきまわしてナッティ・アイスのお代わりを探し、ゲップをしたり、ビール腹をぽんぽんたたいたりしたのち、ＥＳＰＮ（スポーツ専門ケーブルテレビ）を観るため、穴倉のような自分の書斎へと向かう〉

やめろ！　やめてくれ！　そんなの、ぼくに起こるはずがないだろうが？

アメリカ中をめぐる旅のあいだに出会った夫婦のなかには、まるでエドワード・シザーハンズ（手がハサミになっていて、人間とふれ合えない哀しいロボット）といっしょにいるかのように、冷ややかに距離を保ち、まったく体をふれ合わせない人たちも、2、3組だがいた。もちろん、それとはまったく反対に、生気あふれる愛ではちきれんばかりになっている夫婦もいた。彼らはつねに手を互いの膝におき、微笑みをよく交わし、結婚式の写真を見せてくれたときには実に誇らしげな表情を浮かべた。そのとき「世界一きれいな花嫁だ」と夫が言う。「そら、実物も見てくれ。まだ世界一きれいだろう」すると、なんと、85歳の女性が顔を赤らめる。

50年ものあいだロマンスの炎を燃やしつづけた結婚は、ぼくにはとってもステキに思えた。ぼくはその秘密が知りたくてしかたなかった。なぜ、シャンパンの泡のように元気よくはじける老夫婦もいれば、気の抜けた缶ビールのように味気なくなってしまっている夫婦もいるのか？　どこがどう違うのか？　ジェイスンとぼくはかなり巧みなインタビュアーだが、この問題にはいささか困惑せざるをえなかった。高齢者に愛の行為について尋ねるのには、やはりためらいを感じた。無礼、無神経と思ったし、なにかこう、実にきまり悪いというか、気恥ずかしいのだ。だって、そうでしょう？　あなたも祖父母の前ではセックスという言葉を口にしたことさえないはずだ。

ありがたいことに〈マリッジ・マスター〉（結婚の達人）たちのほうが、ぼくたちのとまどいを感じとったかのように、率直に話してくれるようになり、ぼくたちもやっと、ぎこちなさを振り払うことができた。そして、ぼくたちは彼らから教わったことにびっくりした。彼らに言わせると、**真の男女の親密さは恋愛感情に包まれた友情から生じる**のだそうだ。〈マリッジ・マスター〉たちは、セックスは結婚の重要な部分ではあるけれど、それがなければどうしようもないというほど必要不可欠なものでは決してない、と口をそろえる。肉体的な愛の行為にはどうしても盛衰がある。だが、ほんとうの結婚ではロマンスは決して死なない、と彼らは言う。

言い換えれば、**セックスは真のロマンスを築きあげたご褒美であり、その逆ではない**ということだ。真のロマンスはセックスを含むものではあるが、セックスを超越するものでもある。お互い近くにいたい、そばにいたい、体をふれ合わせたいという熱望は、目に見えない心と心のきずなから生まれる、と〈マリッジ・マスター〉たちは言う。ふたりで海に溶け込む太陽を見つめているときに感じる精神的・霊的な一体感こそロマンスだと説明してくれた夫婦もいれば、喜びを分かち合っていっしょに笑い声をあげることがロマンスだと言った夫婦もいる。そうした瞬間は、単なるセックスよりも深くて豊かである。そうした瞬間をふたりで共有することで、関係はさらに深まり、性生活もさらにずっと豊かなものになる。〈マリッジ・マスター〉たちによれば、その水準にまで高められるロマンスは、単なる性行為によってではなく、心と心を通い合わせる行為によってもたらされる。ロマンスは、寝室の外でいっしょに楽しむことによって築きあげられる友情によって花開くのである。友情に油をそそげば、ロマンスに火がつくのである。

ぼくたちは情熱を見つける具体的な方法も教わったが、それはそれぞれの夫婦で違い、ダンス、スケート、週末の1泊旅行、単に毎日いっしょにいる時間をつくることなど、いろいろだ。〈マリッジ・マスター〉たちは、ロマンスの火をかき立てる秘訣を楽しそうに話してくれた。たとえば、医療機関で共働きしていたある夫婦は、いっしょにいられる時間を充分にとることがなかなかできず、それならばと、量の不足を質で補おうとしていたという。毎週火曜日、ふたりでポケベルの電源を切り、こっそり隣のコンサートホールに入り、いっしょに1時間ばかりオーケストラの響きに耳をかたむけ、共通の趣味であるクラシック音楽を楽しんだのだそうだ。ふたりともゴルフが大好きで、いっしょにプレーすることで真のロマンスを見つけていたという夫婦もいた。どういうわけか定かではないが、いっしょに運動をすると、愛情が深まり、性生活にも火がつくようなのだ。〈ムム……だれかいっしょにクロッケーをやりませんか?〉

●一晩中ダンス

正真正銘ロマンス元気賞なら、フロリダに住む結婚歴56年のキャロルとモートのショーマー夫妻に進呈したい。ぼくたちがニューヨークにいたとき、キャロルから、夜にどこかで会いましょう、というEメールが届いた。「いまわたしたち、ニューヨークに1週間のダンス旅行に来ていて、マンハッタンにいるの」とキャロルのメールには書いてあった。「モートとわたしは、あなたたち若い人に、シニアがどんなふうに一晩中ダンスを楽しむのか見せてあげたいのよ」

むろん、ぼくはちょっと怪しんだ。一晩中？　古い人間だから、消灯時間の10時までで も一晩中と言うのかな？　いずれにせよ、ジェイスンとぼくは、一組の夫婦から話を聞き つつビッグ・アップル（ニューヨーク）のナイトライフもちょっとのぞけるという機会を 逃す気はなかった。願ってもない一石二鳥の機会だった。そこで、ぼくたちはショーマー 夫妻と会う約束をした。午後9時に《レインボー・ルーム》で。

《レインボー・ルーム》は、有名なロックフェラー・プラザの最上階、マンハッタンの 光の海の上に浮かぶ65階にあり、そこに足を踏み入れたとたん、時代が少し戻ってしまっ た。演奏していたビッグバンドが、グレン・ミラー、エディ・デューチン、スキニー・エ ニス、フランク・シナトラといった過去の大物たちの古典的ヒット曲にふさわしい雰囲気 をただよわせていたからだ。ろうそくのともるテーブルは、クライスラー・ビル、エンパ イア・ステート・ビルなど、きらめく宝石さながらの夜の超高層ビル群を一望できるよう に配置されていて、白いスーツのウエイターたちがそのテーブルのあいだをてきぱきと動 きまわっている。そして、《レインボー・ルーム》の真ん中でゆっくりと回転するダ ンスフロアが、踊りましょうと手招きしている。これだけでもなんともすばらしく、来た かいがあった。だが、その夜をほんとうに特別なものにしてくれたのは、ダンスフロアの主役となった七十うん歳の恋人たちだった。

ふたりはうぶな中学生みたいに体を揺すっていただけではない――しっかりダンス・・・をしたのだ。

巧みに、そして優美に、モートとキャロルは、リンディー・ホップからチャールストン、ジルバからブギウギ、タンゴからルロックへと、休みなく次々に踊りまくり、そのあいだに演奏された《サタデー・ナイト・フィーバー》でディスコ・ダンスまで踊ってしまった。ふたりは品があり、華やかで、ステキだった。ダンスフロアはX世代（ベビーブーム後の60年代はじめから70年代半ばまでに生まれた世代）の人々であふれていたが、この恋人たちほど波長の合ったカップルはほかにいなかった。

77歳になるモートは、黒っぽいピンストライプのスーツをきちんと着込み、胸ポケットから先の尖ったハンカチをのぞかせ、ツートーンカラーでウイングティップの派手なスペクテーターシューズをはいていた。そして、76歳になるキャロルのほうは、《青春の泉《ファウンテン・オブ・ユース》》誌の表紙になってもおかしくないような魅惑的な女性だった。縮れた赤毛から肩までたれるイヤリングがきらきら輝き、エレガントな黒いスカートには太ももまでスリットが入っていた。ふたりはそれぞれ互いの一部であるかのように動く。一方がリードし、もう一方がそれになめらかに従い、ふたりとも笑みをたやさない。ハックルバックなど、よく知られたステップを踏んで、フロア中をところ狭しと踊りまくるふたりを見ながら、ジェイスンもぼくも、こんな真似はできないと降参してしまっていた。ともかく、ふたりを見ているだけで、うっとりしてくる。もちろん、目もくらむばかりのステップや高齢とは思えない身のこなしにも魅せられるが、いちばん心動かされたのは、ふたりがそのような流麗な動きによってダンスフロア上に創りだしているもの、つまりロマンスだった。

バンドがワン・ステージ終えると、ぼくたちはダンスフロアを横切って、ふたりと握手をし、この元気いっぱいの〈マリッジ・マスター〉たちにいくつか質問をした。むろん、最初の質問は「どうすればロマンスの火を燃やしつづけられるのですか?」だ。

「共通の趣味がとっても大事だね、幸せな結婚をするには」モートが答えた。「わたしが大学の友愛会バッジを彼女に渡して、真剣に付き合うようになってからは、ダンスが共通の楽しみになったんだ。週に6、7晩は出かけたね。いつも閉店時間まで踊りつづけたよ」

キャロルが意味ありげな笑みを浮かべた。「踊ると、その気分が家に帰っても消えないの。で、ベッドに入っても寄り添って昔の映画を観たりするの。朝の4時、5時までね」

彼女は夫のももをぽんぽんとたたいた。「どうなのかしらねえ? この年で、わたしみたいに感じる女性って、ほかにいるのかしら？　この人とは、いくら楽しんでも楽しみきれないのよ」

「わたしたちは時間を上手に使うことをいつも考えている」モートが言う。「一分一分を大事にしたいんだ。明日は《タヴァーン・オン・ザ・グリーン》で踊るよ」

「では、わたしたちのとびきり粋な姿を見せてあげるわ」キャロルが言い、手招きして、ふたりのテーブルまで来るよううながした。見せてくれたのは、老若に関係なく人類がこれまでに着たもっともカッコいい服に身を包むふたりの写真アルバムだった。ちなみにモートは、150足の靴、250着のスポーツコート、300本のズボン、100本のベルトを持っているという。しかも、そのほとんどを中古衣料品店で買ったのだそうだ。

バンドがシナトラの《ニューヨーク・ニューヨーク》を演奏しはじめた。モートがキャロルに視線を投げる。キャロルはにっこりする。それでふたりの気持ちは通い合う。だが、ふたりがダンスフロアに戻る前に、30歳代のカップルが近づいてきて言った。「あなたたのダンスはもうほんとうにすばらしい。ただ、それを言いたくて」

モートはさも嬉しそうにニヤッと笑ってみせた。

「今夜は結婚記念日ですか？」

「いいえ」キャロルが答える。

カップルはとまどいの表情を浮かべた。「では何を祝っていらっしゃるんですか?」

ショーマー夫妻は声をそろえて答えた。「いっしょに生きる喜び」

キャロルがぼくたちのほうを向いて言った。「いいこと、夫婦はね、最良の友だちにして恋人、そうならなくちゃいけないの――それが鍵」

その言葉を残し、ふたりは腕をしっかりと組んで、彼らの回転する小さな世界へ戻っていった。

午前1時、ジェイスンは写真アルバムに頭をのせ、ぼくは頭が痛くなってきた。「音楽、大きすぎない?」ぼくはジェイスンに声をかけた。

ジェイスンはうなずいた。「コーヒーが欲しいな。それから体を伸ばしたい」

「それより……もうかなり遅いし、どうかな、今夜はこれでお開きにするとか?」

モートとキャロルがダンスを中断し、さよならを言いにきた。だが、すぐにまたダンスフロアへ戻っていった。スイングの続きを踊りたかったのだ。

後日ふたりから聞いたのだが、その夜は午前4時まで踊っていたそうだ。ジェイスンとぼくは1時30分にホテルへ戻り、ベッドに倒れ込んだ。結局、その夜の〝古い人間〟はぼくらのほうだと判明した。

どうすればロマンスの火を燃やしつづけられるのですか？　その質問への答えは、こちらがどぎまぎしてしまうようなものではまったくなかった。ただふつうに訊けばよかったのだ。ショーマー夫妻に。いっしょにオーケストラを聴きにいくというカップルに……。

そして、これから紹介する夫婦にも。

子供たちより前に、ぼくたちだけの〝15分〟

——マーティンとドロシー◎メイスター夫妻（結婚歴47年）

なんとも詩的なセッティングだった。ロマンチックな休暇にこれ以上ふさわしいところなど思いつかない。やわらかな白い砂が、足の指にまるでシルクのように感じられる。水平線上に雲が薄く重なりだし、日没がすぐに訪れて星のきらめく夜が始まることを告げている。エメラルド・グリーンの波が、汚れなき砂浜に穏やかに寄せては砕ける。リズミカルに繰り返す波の音。あたりに人影はひとつもない。しかも、最高なことに、自分は愛する男の腕のなか——これから絵に描いたような完璧なビーチをふたりで独占できるのだ。彼女は大きな巻き貝を見つける。土産物屋でしか見たことがないような大きなものだ。愛する男がそれを拾い上げ、彼女の耳にそっと押しあて、ささやく。「ほら、聞いてごらん、ベイビー……」

ピーッ！　ピーッ！　ピーッ！

午前5時30分！　目覚まし時計がドロシーを現実に引きもどした。「ああ、もう、神様、とってもいいところだったのに」彼女はうなるよう言い、上掛けをはねのけ、両脚を押しやって冷たい床に立った。「砂のほうがよかったわ」

夫のマーティンが、ザ・フーの《シー・ミー、フィール・ミー》をハミングしながらシャワーを浴びている。ドロシーは歯をみがきながら、曇りガラスの向こうに目をやり、泡だらけの5フィート9インチの夫のシルエットを見つめる。〈あーあ、あれが現実だったら、さぞかし……〉そんな思いも、すぐに溜息に変わってしまった。彼女は鏡のなかの自分を見返した。「あら、年とったわねえ」と思わずつぶやいてしまう。歯みがき粉を吐き出し、口をゆすぎ、水を流した。

「おっはよー、ベイビー」マーティンが歌うように言う。

「おっはよー、ハニー」ドロシーも同じように節をつけて返す。「朝食、すぐに作るわね」

15分後、マーティンがキッチンに入ってきてテーブルにつき、淹れたてのコーヒーを飲み、両面焼き《オーバー・イージー》のベーコン・アンド・エッグズ——大好物——を食べる。それから、ブラウンのビジネス・スーツを着て、長女が父の日にプレゼントしてくれた、ダサイとしか言いようのない鮮やかな緑色の魚のネクタイを締める——娘がくれたものはダサくたってなんだって身につけたいのだ。ドロシーが夢のことを話そうと口を開く。「あのね、わたし、すごい、もう完璧な夢を見たの——」

「うわっ、6時半だ！」マーティンは椅子の背から上着をひったくるようにしてとった。

「行かないと」

ドロシーは茶色の紙袋をとり、差し出した。「忘れないで、これ――」彼女が言い終わらないうちにマーティンはさっと紙袋をつかむ。「――ランチよ」

マイカー相乗り通勤の仲間が20秒ごとにビッビーと警笛を鳴らすなか、マーティンは戸口に立って、ドロシーにすばやくキスをし、お尻をぽんとたたいた。「じゃあ、いい日になるようにね、ベイビー」

「へイ！」ドロシーは声をあげた。

「なに？」

「あのね……やめないで」彼女は夫の腕のなかにするりと入り込んだ。コロン《オールドスパイス》の香りがする――

ビッビー！

「オーケー、もうほんとうに行かないと」マーティンは言った。「その完璧な夢はぼくたちの〝15分〟までとっておいてくれ。ちゃんと聞きたいからね」彼は外に飛び出すと、歩道を小走りに歩いて、待っている車へ向かった。

ドロシーは満たされない気分で戸口に立っていた。「バイ」が、ドアを閉めるや、ドロシーは母モードに変身した。「さあ、子供たち！」大声を出しながら、階段をトントントンと上っていく。「さあ、起床の時間よ、神様にご挨拶して！」こうして、明かりをつけては、いつもの目覚まし言葉を投げる、寝室めぐりが始まる。

「起きた、起きた、ボーイズ！」

エルヴィス・プレスリー、ビーチ・ボーイズ、ジョー・モンタナ（フットボール選手）のポスターに囲まれたベッドのなかで、15歳のスティーヴンと13歳のリックが寝返りを打ち、うめいた。「今日も学校へ行かなくちゃいけないの？」

「おはよう、ガールズ！」

8歳のヨーランダと9歳のレイチェルが、〝お姫様《プリンセス》〟をテーマにした二段ベッドからドタンバタンやりながら転がり出て、よろけながらバスルームに入った。

ドロシーはさらに廊下を進み、最後の寝室の明かりをつけた。10歳になるロマーナは、家でいちばんの眠たがりやで、なかなか起きようとしない。ドロシーはロマーナのぷっくらした足の裏をやさしくくすぐってから、両足首をつかんで娘をベッドから引っぱり出した。ロマーナは部屋のまんなかに立っても、まだ半分眠ったままで、体を揺らしていた。「さあ、服を着て、朝食を食べにおりていらっしゃい」とドロシーは命じた。

洗濯されてきれいになっている制服を着た子供たちが、なんとも騒々しく次々に階段をおりてきて、大きな長方形のキッチン・テーブルの5つの椅子に座った。もちろん、のろまのロマーナが最後だった。ミルクを、卵を、トーストを、バターをとろうと、テーブル上で子供たちの腕が交差する。こぼれたオレンジジュースをふきとるのに、ナプキンがもう一枚必要になった。ナイフ、フォーク、皿が、ガチャガチャ鳴る。みんな、食べ物が入ったままの口で、互いにさえぎりながらしゃべるものだから、騒がしくてしかたない。だが、15分もしないうちに、5人の子供の腹はふくれ、5つの茶色い紙袋にそれぞれの好みによって調整されたランチが詰められる——精白パン、半全粒粉パン、ハム、ツナ、ターキー、ピーナッツバター、ジャム、リンゴ、バナナ、オレンジ、ミルク代の10セント、そしてもちろん、いちばん下には〝愛してる《アイ・ラブ・ユー》〟と書かれた小さな紙切れ。子供たちは、クラスメイトたちとの食事中にこれを発見することになる。ドロシーは恥ずかしがる子供たちの姿を思い浮かべ、くくっと笑いをもらした。

7時30分までに、ドロシーは5人の子供を全員ヴァンに積み込み、母親たちが運転するミニヴァンで混み合う朝の通学ラッシュと格闘し、まずスティーヴンを高校で降ろし、ついでリックとロマーナを中学に、最後にレイチェルとヨーランダを小学校に送りとどけた。

家に戻ると、ドロシーは目の前に広がる〝被災地〟をじっと見つめた。ペン、色鉛筆、水彩絵の具、玩具の車やトラック、紙人形、パズル、ボード・ゲーム、ほっぽらかしの靴などが、ファミリー・ルーム（一家団欒の居間）いっぱいに散らばっている。そしてキッチンに入ると、ミルクが半分残っているコップや、乾いた卵の黄身が散っている皿が調理台に雑然とのっかり、流しの洗剤の水には鍋やフライパンがつかり、テーブルの下にはオレンジジュースの水たまりが隠れている。さらに、洗濯物入れには汚いタオルやくさい衣服がこぼれ落ちそうなくらい山盛りになっている。

キッチンを片づけたあと、ドロシーは洗濯の山に取り組みはじめた。ベッドの上にたたんだタオルの山を築き、洗濯機に次の洗い物を入れ、乾燥機にも入れるべきものを入れると、ドロシーはシャワー室に飛び込んだ。ほとばしる水に打たれながら、ドロシーはロマンチックな休暇地を再訪した――シルクのような砂、やさしく寄せては砕ける波、マーティンの強い腕、微笑み、キス。彼女はその空想を大いに楽しんだ。もはや、やるべき家事も、買い物も、気を散らす雑用も、だれかと会う約束もないし、服を引っぱったり夕食はいつできるのと訊いたりする子供たちもいない――ただ、愛するマーティンとのふたりだけの時間が途切れることなくいつまでも続く。

シャワー室から出ると、頭にタオルをきつく巻いて、時計に目をやった。〈しまった……遅くなっちゃった〉ドロシーはあせった。

急がないと、食料品店で買い物をしている時間がなくなってしまう。なにしろ、そのあと、子供たちを学校まで迎えにいき、それぞれが別のスポーツ活動をしているので、ひとりひとり町の反対側にある違う運動施設に連れていかなければならないのだ。郊外をめまぐるしく動きまわって、やっと家に戻ると、今度は料理だ。ドロシーは洗ったばかりの鍋を戸棚からとりだし、そのなかに自慢の特製ミートローフを詰めた。そして、それをオーブンのなかにぽんと入れたら、また車に飛び乗り、スポーツをやって汗まみれ泥だらけになった子供たちを各施設まで迎えにいく。連れて帰った子供たちは、家に着くや、ガレージのドアのそばで、泥んこのスパイクシューズをけるようにしてぬぎ、2階に駆け上がって、汗でくさくなったユニホームを洗濯物入れに投げ込む。これでまた洗濯物入れは山盛りとなる。

午後6時30分、マーティンがダサくても締めずにはいられない魚のネクタイをゆるめてドアから入ってきた。「ただいま！」大声で家族に帰ったことを知らせる。

ファミリー・ルームに入ってきたマーティンを、ドロシーが片手に水割りのグラスを、もう一方の手に白ワインのグラスを持って迎えた。そして夫のほうに身をかたむけ、チュッと軽くキスをする。

「むかつくー!」ロマーナが階段のいちばん上から声をあげた。

3人の娘がいちどきに今日したことをしゃべりながら、階段を駆けおりてきた。

「ダッド、見て見て、今日わたしね、学校ですごいものつくったんだから!」ロマーナが叫んだ。

「だめよ、ダッド、わたしが先、今日すごいことが起こったの」レイチェルも負けずに大声をあげた。

ヨーランダも、のけ者にされまいと、哀願した。「ダァーッド、わたしだって話さないといけないことがあるの……」

「あんたたち、ルールは知っているでしょう」ドロシーが割り込んだ。

「わがお姫様《プリンセス》たちの一日については、もちろん全部聞くけれど、少しあとになるよ」マーティンは言った。「まずは女王様《クイーン》との15分だ」

●セックス・タイム⁉

マーティンとドロシーは手をとり合って2階へ上がった。

キッチン・テーブルについていたスティーヴンがリックにささやく。「ほうら、また、マムとダッドのセックス・タイムだ」

リックが顔をしかめる。「まったく、やんなっちゃうな」

寝室の鍵をかけると、ドロシーは一本のキャンドルに火をともし、ラジオをつける。マーティンはスーツをぬぎ、くつろげるカーキ色のズボンとTシャツに着替える。そして、ベッドにどーんと飛び込み、隣のあいているスペースをぽんぽんとたたく。ドロシーはマーティンに寄り添って寝そべり、頭を夫の肩にのせ、彼の胸をやさしくなでる。ふたりはいっしょに息を深く吸い込んで吐き出す。その日はじめての満ち足りた吐息。

「気分はどうだい、ハニー?」マーティンが訊いた。

「いまは最高」ドロシーは微笑む。

「では例の夢のことを話してくれ」

「それがもうすばらしいの、すべてが完璧なの。熱帯のビーチに、わたしたち、ふたりきりなの……」

巻き貝の音が目覚まし時計のアラーム音に変わったというくだりを聞いて、マーティンは笑い声をあげずにはいられなかった。「かわいそうに」と彼は言った。そして片手でドロシーの耳をおおい、ささやいた。「ほうら、聞いてごらん、ベイビー――ウィシュユューヒィィーウィシュユー」

ドロシーはくすくす笑い、夫の唇がくすぐったくて耳をちょっと離した。「いったい何なの、それ？」

「貝のなかに入っている波の音さ」マーティンは声をあげて笑い、もう一度妻に聞かせた。

「ウィールーウィシュユュー」

ドロシーも最高の貝の音を出そうと頑張ってみた。「シュユユーヒィィーヒィィー」だが、どうしても笑ってしまう。マーティンは大爆笑し、ベッドから転げ落ちそうになった。

その笑い声が子供たちの部屋まで届き、スティーヴンがリックをつつき、リックは両耳を手でおおった。娘たちは、絵の具をこぼしながら一角獣《ユニコーン》を描いたり、結局は母親が片づけることになる新たな〝メチャクチャ散らかり状態〟をつくったりしていた。ドロシーとマーティンは、毎日行われるその儀式の残り12分間を、スティーヴンの状況証拠による判定を裏切って、服を着たままふたりだけのときを楽しむのに費やした。ふたりはその日の出来事をくわしく話し合った――たとえば、いらだったこととか頭にきたこと、片づけた用事のこと、笑っちゃったこと……。飲み物をちびちび飲みながら、何ものにも邪魔されないふたりきりの時間を大いに楽しんだ。そして、**夫婦だけの15分が過ぎると、ふたりはしっかり抱き合い、若い恋人たちのように互いに目と目をじっと見つめ合って言った。「愛しているよ」**

さあ、またしても奮闘する親に戻って、とりあえず、やたらに腕が伸び、おもしろい話が飛びかう夕食を終わらせなければならない。ドロシーが寝室をあけたちょうどそのとき、マーティンが最後のキス、とりわけ熱烈なキスをした。

それを目撃したロマーナが叫ぶ。「むかつくー!」

夫を亡くして8年になるドロシーにとって、そうした毎日マーティンとふたりきりで過ごした時間の記憶は、とりわけほろ苦い。

彼女はいま、かつて家族とともに数え切れないほどの食事をしたあの大テーブルにつき、最近娘のロマーナと話し合ったことを語ってくれた。「わたしとマーティンがその15分間にしていると子供たち全員が思っていたことを、ロマーナがしっかり話してくれたわ」ドロシーはなんとも言いようのない奇妙な笑い方をした。「まあ、そんなことはしていなかったと完全に否定することはできないと思うけど、あの毎日のふたりだけのほんの短い時間でいちばん大事だったのは、わたしたちがそのあいだに、いろいろ小さなことを積み上げて創りあげたきずなよ。抱き合ったり、笑ったり、ふたりでバカなことをしたりすることで、ふたりのきずなはとっても深まり、強まったの」

「結局、**夫婦のロマンス生活にいちばん効くのは、そういう小さなことを頻繁にやることね……**」ドロシーはしばし口を休め、恥ずかしげに微笑んだ。「ただ、わたし、あれに誘われても、いま頭が痛いからと断ることもよくあったの。あの人が亡くなったいま、それが悔やまれるわ」

すり減るほど聴いた私たちの《スターダスト》
――アルとパール◎ストーン夫妻（結婚歴50年）

「信じられる？　40年だよ！」アルは自分のカクテルグラスをパールのグラスに当てて、チーンという音を響かせた。「そう言うだけでも年とったような気分になる」

「勝手にひとりで年とってね、お祖父《じい》ちゃん。わたしは年なんてとりませんからね」彼女は夫をからかい、微笑んだ。

「どうぞ、どうぞ」アルはスクリュードライバーをひと口飲み、妻にウインクした。「でも、いつになっても、きみはぼくよりひとつ上だということ忘れないでね、スイーティー」

パールはふざけて夫の腕をピシャッとたたき、憤慨したふりをして早口で怒ってみせた。アルは年上の女房だということを40年間からかいの種にしてきた。だから、それをいまさらやめさせるのは無理というものだ。たとえ結婚記念日でも。

アルがカクテルのお代わりを注文しようと、通りかかったウエイターに合図したとき、パールが椅子から立ち上がった。「すぐ戻るわ」

彼女は込み合うバーをゆっくりと進み、ダンスフロアの縁をまわって、婦人用トイレへ向かった。ダンスもできるそのバーは込んでいて当然だった。７人編成のバンドが40年代と50年代のヒット曲を演奏しはじめると、《ポコノス・サミット・リゾート》の宿泊客たちはすっと立ち上がって踊りだした。

アルは足でリズムをとりながら、遠ざかる妻の姿を見つめていた。だが、彼女がトイレのなかに消えてドアが閉まるや、勢いよく立ち上がった。

アルはそのままステージまで歩き、バンドリーダーに手振りで〝ちょっと話したいことが……〟と語りかけた。バンドリーダーは身をかがめて顔を近づけた。

アルはとっておきの笑顔をつくって見せた。「ひとつ、お願いしたいことがあるんですが……」

婦人用トイレのなかで、パールは口紅を塗りなおすと、自分を評価すべく最後にもう一度鏡のなかに視線を投げた。

「まあまあじゃないかしら」とパールは思った。「いろいろ考え合わせると……」

パールは鏡に映る自分の顔を見るたびに、ちょっと驚いてしまう――心のなかでは、いまだに19歳、40年前にニュージャージー州のプレインフィールド・ローラースケート場でアルにはじめて会ったときのままの娘なのだから。彼女は心がとても若いので、鏡をのぞくたびに見返す60歳の顔に結局は気づき、びっくりしてしまうのである。

パールは最後の仕上げに髪をぽんぽんとたたいて整えてから、体の向きを変え、アルの待つバーへ戻ろうと歩きはじめた。

だが、トイレから出た瞬間、ステージから飛んできたスポットライトの光にとらえられた。

パールはめんくらい、その場で固まってしまった。「あなたはパール・ストーンさんですか?」とバンドリーダーに尋ねられ、とまどいはさらに大きくなり、彼女はうろたえた。

「はい、でも……?」

いつのまにか空っぽになっていたダンスフロアのまんなかに、アルがひとりぽつんと立っているのが見えた。バンドリーダーが指揮棒をとりあげ、バンドに演奏の準備をうながすと、アルの顔が輝いた。

「では、40回目の結婚記念日を祝して、この曲をあなたに捧げます」バンドリーダーは言った。

バンドが曲を演奏しはじめると、パールの背筋に電流が走った。

And now the purple dusk of twilight time……
そしていま、たそがれどきの紫色の夕闇が……

パールは満面に笑みを浮かべて、夫が待っているダンスフロアへと進んだ。アルが手を差し伸べ、その手をパールがとる。何十もの目が、頬と頬を寄せて〝ふたりの曲〟を踊るアルとパールに釘づけになった。

でも、パールの目にはアルしか見えない。

パールの両腕はアルの体にしっかりと巻きつき、ふたりはダンスフロアいっぱいにまわりつづけた。彼女は、これが何を意味するのか完全に理解している世界でただひとりの人とこうやって踊れるひとときに感激していた。

●ふたりの曲

パールとアルの住む小さな屋根裏のアパートメントのすみにキャンドルがおかれ、その金色の光が部屋をほのかに照らしている。コーヒーテーブルの上には、空になったワインのボトルと、残されたオードブルの皿。

アルは床におかれた大きなふわふわのクッションにもたれて、腕を花嫁の肩にまわしている。

パールは頭をアルの肩にのせ、ワイングラスを高くかかげて、はめてもらったばかりの金の結婚指輪に見とれている。

屋根裏部屋の窓から、くぐもった街の騒音が忍び込んでくる。車の警笛、タクシーを呼ぶ口笛、店主が掃除する音などがかすかに聞こえる部屋で、アルとパールはたわいない会話をいつまでも楽しんでいた。

言葉が鎖の輪のように果てしなくつながって、何時間でも話していられる。

オートマチック・レコードプレーヤーのアームが上がり、最初まで戻って、またしても針を落とし、その夜10回目の演奏を開始した。映画音楽のようなストリングスの調べと、甘く快いナット・キング・コールの声が、床でくつろぐ恋人たちに、もう一度最初からセレナーデを歌い奏ではじめた。パールとアルは再び会話を中断し、静かに耳をかたむけた。《スターダスト》を聴くのは、ふたりともその夜がはじめてだったが、そのまま永遠に聴いていられそうな気がしていた。

And now the purple dusk of twilight time……

そしていま、たそがれどきの紫色の夕闇が……

パールとアルが《スターダスト》を何度も何度も繰り返し聴いているうちに、キャンドルは燃え尽きてしまった。

「ハニー」パールが不意に上体を起こして言った。「これはわたしたちの曲だわ」

アルは目を閉じ、じっと耳をかたむけた。「うん、そうだ。これはぼくたちの曲だ」

彼は立ち上がり、手を差し出した。

「えっ、何をするの?」パールは訊いた。

「さあ」

パールはアルの手をとった。アルは彼女を引っぱり上げるようにして立たせ、引き寄せた。ふたりとも目を閉じ、頬と頬をぴったりつけ、曲に合わせてゆっくりと踊りはじめた。

街が完全に消え去った――行きかう車も、歩道を歩く人々も、店の前を掃くコンビニの従業員も、みんな遠くへしりぞいて消えてしまい、パールとアルは自分たちだけの世界にひたって踊りつづけた。

続く数年間、パールとアルはレコードの溝がすり減るほど《スターダスト》を聴いた。それは嘘偽りなくほんとうに彼らふたりの曲だった。出だしの調べが聞こえたとたん、互いに相手の腕を探さずにはいられない。

パールとアルは月曜の夜、出会った記念の場所であるローラースケート場によく出かけ、スケートを楽しんだ。そして、古いスピーカーから雑音とともに《スターダスト》が聞こえてきたときはかならず、何をしていようと合流し、いっしょにスケートをした。

スナック・バーのカウンターでソーダ水とバニラ・アイスをふたつずつ注文している最中に、スピーカーから《スターダスト》が聞こえてくるということも何度もあり、そんなときでもアルは注文をほったらかしにして、リンクのなかにいるパールを探しにいってしまった。

アルは右手をパールの小柄な腰にやさしくあてがい、左手で妻の体を包み込むように抱く。そうやってアルとパールは、自分たちしか知らないふたりだけの世界で滑るのである。リンクに何百人いようと、その瞬間、アルとパールは宇宙にふたりだけとなり、《スターダスト》に合わせてスケートをするのだ。

アルが兵役に服すためフォート・ブラッグ（陸軍軍事教練センターがある軍施設）へ行くことになって、ふたりがお別れのキスをしたときも、《スターダスト》は流れていたし、彼が務めを終えて帰ってきたときも、この曲は流れていた。夫の兵役の期間中、ひとり家に残されたパールは、レコードでこの曲をよく聴いた。夫のいない寂しさを少しでもまぎらわすには、この曲を聴くしかなかったからだ。《スターダスト》のメロディーが流れてくると、彼女は目をつぶり、アルもいまこの曲を聴いているのだと想像することができる。どこで何をしていようと、たとえ訓練中であろうと、夫は銃をおき、戦車から飛び出し、わたしをしっかりと抱いてくれる。そう思えるのだ。

《スターダスト》は、ふたりがはじめて一戸建てを買う契約書にサインしたときもかかっていたし、結婚を始めた屋根裏のちっぽけなアパートメントから引っ越すときもかかっていた。子供ができるという知らせをふたりで聞いたときも、孫ができたときも、さらに曾孫ができたときも、アルとパールはこの曲を聴いた。

クリスマスには、ストーン家では家族全員がファミリー・ルームのオルガンのまわりに集まり、パールの伴奏に合わせてクリスマス・キャロルを歌った。

だが、《もろびとこぞりて》と《きよしこの夜》のあいだのどこかで、パールはかならず《スターダスト》の楽譜を引き抜いて譜面台のいちばん上にのせた。するとアルも、パールが座っているベンチ・タイプのピアノ椅子に仲良く腰かけ、妻の伴奏で歌いだした。

パールとアルがふたりの曲を歌い奏でているあいだ、ほかの家族はみな、物音ひとつ立てず静かに待っている。家族がどれだけたくさん集まっていようと、パールとアルはその曲をはじめて聴いたときのような気持ちになる。子供たちは背景に遠のいて消え、プレゼントも、派手な色の包装紙も、パイナップルやシナモン、そしてクリスマス・ディナーの主役となるオーブンのなかでローストされている七面鳥のおいしそうな匂いも、きれいさっぱり消えてしまい、パールとアルは自分たちふたりしか存在しない世界に没入し、ほかのことをことごとく忘れてしまうのだ。

《ポコノス・サミット・リゾート》では、バンドリーダーが《スターダスト》の最後の数行を甘くささやくように歌い終わると、拍手がわき起こった。だが、ダンスが終わっても、パールとアルは目を閉じて互いに抱き合ったまま、しばらく唄の余韻にひたっていた。混み合うバーにいた人々はだれひとり、その唄の秘密を知らなかった。《スターダスト》がパールとアルにとってどれほど大切な唄なのか、見ず知らずの他人にわかるわけもなかった。

ふたりはレコードをそれこそ溝がすり切れるまで聴いた。パールは何十年にもわたってオルガンで頻繁に弾きつづけたので、楽譜は黄色く変色し、ぼろぼろになってしまった。あまりにもよく出し入れしたせいで、透けて見えるようになったところもある。だが、唄そのものは昔のまま、少しも古ぼけなかった。ふたりの愛がいつまでも変わらなかったように。

《スターダスト》を聴けば、パールとアルはたちまち、ふたりで最初にこの曲を聴いたあのちっぽけな屋根裏部屋に連れもどされる。だれが歌い、だれが演奏しようと、かまわない。どこにいようと、離れ離れになっていようと、いっしょにいようと、ふたりきりだろうと、愛する者や他人に囲まれていようと、関係ない。イントロが聞こえたとたん、ふたりは互いを見つけ、互いの腕のなかに入り、愛するただひとりの人しか見えなくなる。

「《スターダスト》はわたしたちの結婚のサウンドトラックのようなものだね」アルが言う。彼がいまパールと肩を並べて仲良く座っているのは、ニュージャージー州の田園地帯にある彼らが住む大きな家の玄関前の階段だ。

パールがふざけて愛する夫に身を寄せる。「**ロマンスは思い出をつくることなの——ふたりにしか理解できないような思い出をね。**わたしが結婚でとっても気に入っているのは、アルとふたりで創りあげたわたしたちだけの世界。大切なのは、自分たちだけの何かを見つけ、それを絶対に手放さないこと。それがロマンスの火を燃やしつづる秘訣よ」

5

マンネリ状態から、どうやって脱出すればいいですか？

●ジェイスンの悩み●

〝そこそこ〟レベルが一生続く!? それは拷問

成功の基準は人によってそれぞれ違うが、このインタビュー全国ツアーのためにダラスまで夜を徹して14時間車を走らせたとき、ぼくはだれにとっても〝そこそこ（並み）〟の基準となるものを見つけた。ぼくたちは疲れ切っていて、ひと休みすることを考えていた……が、用心深くもなっていた。テキサスの深奥部のすばらしさを称える歌ならぼくも知っているが、そのときは、不気味な大草原が広がっているだけで、そこには3つのもの——プレーリードッグ、ゴーストタウン、お化け屋敷のような道路沿いのモーテル——しかないように思えた。単に寝不足なだけだったのかもしれないが、星がやたらに大きく、ぎらぎら輝いていて、すべてが濃い影をつくり、えらくいかがわしく不気味に見えた。

そのなかに、建物解体用の鉄球でぶち壊してほしいと切に願っているようなモーテルもあった。建物はペンキがはがれ、全裸に近く、ラスヴェガスのストリッパーよりも露出度は高かった。〝眺めのよい部屋〟とはきっと、外の雑草庭園の壮麗な眺めを満喫できる爽やかな部屋にちがいない。むろん、ほとんどの窓は板でふさがれているか、厚いチーズクロスのようなカーテンでおおわれているから、眺めること自体がとてもむずかしいはずだ。でも、ぼくがいちばん気に入ったのは、建物の外壁にかかっていた手書きのモーテルの看板だった。そこには大きな黄色いブロック体で《イットゥル・ドゥー・モーテル》（《〝そこそこ〟モーテル》）と書いてあった。

イットゥル・ドゥーというのは、〈それで間に合う〉〈それでいい〉という意味だから、〝そこそこ（並み）〟というニュアンスがある。実はそれが、そのときのぼくにとっては、われらが全国横断旅行をうまく表現している言葉のように思えた。でも、誤解しないでほしい。〈マリッジ・マスター〉（結婚の達人）たちとの出会いは、どんどんよくなりつつあった。会って話を聞く夫婦は、あらゆる階層、分野にわたっていたし、西海岸と東海岸および他のすべての地域を、結婚という観点から比較することも可能になりつつあり、アメリカの結婚の多様性を示すスナップショットもどうにか集まりつつあった。

しかし、移動という点と、自由気ままな放浪スタイルの生活という点では、ぼくの思惑は完全にはずれようとしていた。たしかに期待がやや高すぎたきらいはある。なにしろぼくらは、なにかと横道にそれたがる車輪つき船に乗って、全国津々浦々まで走りめぐる、宝物に飢えた大胆不敵な荒くれ船乗り2人組なのだと思いつつ、海ならぬ道路に出たのだから。いたずら心を満足させてくれるすばらしい冒険あるところ、われらあり、と意気込んでの船出だったのである。だからぼくは夢想をふくらませ、こんな女性に出会う心の準備までしていた。彼女は、破れたリーバイスにカウボーイ・ハットというでたちのワイルドな美女で、むろん生まれつき綴りの天才でもあるのだけれど、荒涼として侘《わび》しいルート66の旧道でヒッチハイクをしている。ぼくはスピードを落とし、キャンピングカーを彼女の横にぴたっと止める。テープデッキのスピーカーからチャイコフスキーの《序曲「1912年」》が流れてくる。ぼくは彼女に言う。おれたちはこれから、拳銃をぶらさげて汚い言葉を連発する伝説的〈マリッジ・マスター〉に会いにいくんだ。女房といっしょにオクラホマの山んなかで強烈なコニャック造りを始めたというんでね。そう聞いて、女は一も二もなく答える。「だったら、あんたと旅をして生きていくしかないわね、ジェイスン」でもって、ぼくたちは、風に吹かれるまま、あてもなく放浪の旅を続ける。

だが、こんなことは何ひとつ起こらなかった。〈マリッジ・マスター〉たちに会って話を聞くのは、有益ではあったけれど骨の折れる仕事で、旅行計画中には絶対に見るぞと3人が心に決めていた名所はすべて、1、2時間の睡眠のために訪問中止となってしまった。マットはインディアナ州サウスベンドにあるノートルダム大学の壁画《タッチダウン・ジーザス》（キリストのしぐさがタッチダウン時の審判のジェスチャーに似ている）を、グランマ・ドロシーはヴァージニア州にあるプランテーション時代の大農園主の豪邸を、ぼくはナイアガラの滝を、見そこなってしまった。

というわけで、車による旅は本来は楽しいはずなのだが、今回はそれほどのものではなくなってしまった。結局ぼくはあきらめて、移動中には楽しいことはあまりないという事実を受け入れざるをえなくなった。まあ、そういうこと。

でも、1、2カ月くらいなら、つまらない道路移動生活もどうにか我慢できる。全身ナンキンムシだらけになって目覚めるかもしれないが、テキサスの道路沿いのモーテルに1晩くらい泊まっても、たぶん生きて帰ってこられると思う。だが、かろうじて受け入れられる〝そこそこ〟の結婚を一生続けるなんて、ぼくにとっては拷問によるなぶり殺しのようなものだ。たとえば、結婚15年後のある朝、目を覚まして隣で眠る妻を見やり、自分たちの結婚が眠りこけていることに突然気づく、というようなことを考えただけで、ぼくはぞっとする。結婚式で誓約をしたときには互いに共有していた愛のきずなと情熱が、いつのまにか冬眠してしまい、それから目覚める方法をいまや夫も妻も知らない、というのは恐ろしいことだ。いや、もっと恐ろしい状態もある。それは、夫も妻も、もう情熱をとりもどすなんて不可能だとあきらめきっている状態だ！　〝そこそこ〟レベルの結婚は、ぼくにとっては〝かろうじて合格〟ではなく〝落第〟だ。ぼくの望みは、最高度の愛のきずなをつくりあげ、妻もぼくもそれを存分に楽しんで生きていくということなのである。ぼくは妻と一心同体になりたいのだ。

だが、ここで不安がひとつ生じる。そんなことはだれもが望んでいることではないか……それでもできない人がたくさんいる……ということは？……という不安だ。

●〝そこそこ〟モーテルから脱出するには

《〝そこそこ〟モーテル》へ新婚旅行に行く人なんてひとりもいない。だが、いつしかそこに住み着いてしまう夫婦はたくさんいる。ぼくの目には、ほとんどの人が大きな希望をいだいて結婚しているように見える。だから、この人生の重大事に期待する人々から利益を吸い上げようとする一大産業ができあがってしまった。かくして、人々は結婚をめぐって大騒ぎする——テレビの結婚ショー、結婚専門誌、祝い品贈呈パーティー、磁器の模様、オーブントースター、食器セット、夫婦のイニシャル入りタオル……と、やること、考えること、選ぶことが、それこそ、もういいかげんにしてよと言いたくなるほどたくさんある。だから、結婚はその前評判というか〝前騒ぎ〟に見合うくらいの中身はないといけないよね、やはり。外はしゃれた派手な包装紙にリボンの蝶結びだが、中身は空っぽ、というのでは具合が悪い。

それでも、夢見る目を涙でかすませて教会の中央通路を歩いたカップルが、やがて大いなる失望を味わって嘆き悲しむ、ということが毎年繰り返される。離婚に終わる約半数の結婚のことを言っているのではない。ぼくがいちばん恐れているのは、ふたりで希望に胸ふくらませて新生活を始めたのに、やがて自分たちの関係が、壁がたわみ天井がくずれ落ちた廃屋のような状態になってしまっていることに気づく、という結婚だ。

たとえば、友だちのひとりが〝完全無欠の結婚〟だからぜひ本人たちに会ってみてと自慢した、彼女のおじ・おばの結婚。

「49年も連れ添った夫婦なのに、わたしはふたりがきつい言葉を交わしているのを一度だって聞いたことがないの」と彼女は言った。

この夫婦と1時間も話すと、なぜふたりがとげとげしい言葉を交わしたことがないのか、その秘密がわかった。ふたりは、そもそも言葉というものを、ほとんど交わさないのだ。妻が話していると、夫は腕時計をいじっているか窓の外を眺めている。夫が話すと、妻がそれをさえぎって話しはじめる。夫は文句ひとつ言わない。妻がそのましゃべりつづけるので、夫はまた窓の外に目をやる。

それでも、友だちの目には、この夫婦が至福の関係にあるかのように映る。ぼくたちと会った日、ふたりはたまたま調子が悪かったのかもしれない。あるいは、もしかしたら、喧嘩も含めた感情的爆発のないこういう関係こそ、天国ではじめて可能になる理想的な結婚なのかもしれない。

ある夫婦から話を聞いていたとき、マットがいらだちをつのらせ、とうとう我慢しきれなくなり、なぜいままで別れずにいっしょにいたのですか、と訊いたことがある。まる1時間、ふたりが激しく言い争っていたからである。マットはまるで財産を分配する離婚裁判の判事のようだった。それでも、ふたりはマットにそう問われてとまどった。「それはだね、結婚しているからだよ、言うまでもないじゃないか」というのが彼らの答えだった。

この答えを聞いて、ぼくは友だちの家にディナーに呼ばれたときのことを思い出した。友だちの両親はいつも、ぼくたちに学校のことを訊きはしたが、互いに視線を交わし合うことはほとんどなかった。大学の春休みに友人の家族と海辺で過ごしたときのことも思い出した。友人の両親は言い争うことも、相手の話に横やりを入れることもなかった。夫は朝食のときにかならず、新聞の経済欄を無言で妻に手渡した。天気予報については話し合っていた。でも、まるまる1週間いっしょにいて、ふたりが体をふれ合わせるところを、ぼくは一度も見なかった——手で相手の肩や腕に軽くふれるところさえ目撃していない。夫はジョギングをし、妻は歩くのが好きだった。戸口からわずか数百ヤードのところに、すばらしいとしか言いようのない太平洋が横たわっているというのに、ふたりがいっしょにビーチまでおりていったことは、ついに一度もなかった。だが、友だちがそうした両親への不満を口にしたことはない。彼はいちおう〝幸せな〟家庭の子供だった。ぼくはそのとき早くもあるメッセージを受け取りはじめたのではないか。結婚はわくわくするものではない、結婚は無上の喜びではない、結婚はぼちぼちどうにかやっていくものだ、というメッセージを。

だが、この《プロジェクト・エバーラスティング（永遠の愛計画）》にかかわって、ぼくはそれとは別のメッセージを受け取りはじめた。気持ちがしっかりつながって、どこまでも仲が良く、愛し合い信じ合い、互いに温かく包み合う、非の打ちどころのない夫婦に出会えるようになったからである。だから、ぼくのような心に鍵をかけて結婚を拒絶している28歳の独身男も、話を聞いているうちに目を閉じ、こう思ったりする。〈なんてことだ、

ぼくは何かを見落としていたんだ。結婚にだってわくわくすることがあるじゃないか。無上の喜びがあるじゃないか〉

〈マリッジ・マスター〉たちは、ぼくのために事細かに語ってくれた。**世代なんて関係ない、どの時代の人間も同じ、結婚するときには大いに期待するものなんだ**、と彼らは言う。結婚とともにロマンチックな冒険が始まり、それがずっと続く、と新婚さんは思う。**ところが、すぐに現実というやつが入り込んでくる。**支払わなければならない請求書、替えなければならないオムツ、テーブルに並べなければならない夕食の料理、掃除しなければならない家、ストレスと疲れのかたまりになって帰宅せざるをえなくなる仕事。日々の生活が負担となって、結婚はすり切れ、引き裂かれ、思うようには動かなくなる。

感激させてくれた〈マリッジ・マスター〉たちのなかにも、関係が〝そこそこ〟になった期間もある夫婦がたくさんいるということを知って、ぼくは驚いた。夫婦がキャリアや子供やさまざまな危機にかかずらうあまり、自分たちの関係に気配りする余裕をなくし、結婚が沈滞したり漂流したりした時期があったとのことだ。その日やるべきことを伝え合い、夕食の段取りをつけ、子供の歯医者の予約を入れ、クリーニング済みの服をどちらが取りにいくか決めるが、心を通わせることはない、という時期だ。こうなると、夫婦関係は味気なくなり、マンネリ化する。色目を投げ合うことも、さわり合うこともなくなる。

ぼくの顔に浮かぶ失望の表情に気づき、インタビュー中のある高齢の紳士は言った。

「えっ？　きみは、50年もいっしょにいるわしらが一度も冷めた状態になったことがないと、思っていたのかね？　マンネリ状態におちいったことなど一度もないと？　うーん、きみは結婚について学ぶべきことがまだまだたくさんあるな」

〈マリッジ・マスター〉たちからぼくが学んだことを簡単に言うと、こうなる。**夫婦関係の〝そこそこ〟状態が始まる前にはかならず、コミュニケーション、とりわけ心と心をつなぐ大切なコミュニケーションが減少する。**〈マリッジ・マスター〉たちの場合、それが起こるたびに、妻か夫あるいはその両方が、結局はその**過失に気づき、コミュニケーションを再び活性化させる方法を見つける。**そして、それによってふたりは、以前よりもさらに心を通わせ、打ちとけ、親密になる。それこそ、〝初心〟を忘れずに獲得した最高度のレベルであり、それと〝そこそこ〟レベルとの差は歴然としている。

〈マリッジ・マスター〉たちだって、ときには《〝そこそこ〟モーテル》に泊まることもあるかもしれないが、長逗留は絶対にしない。だからこそ〈マリッジ・マスター〉になれたのである。

〝ほったらかしの罠〟にはまらない

——サムとジュディー◎スミス夫妻（結婚歴42年）

サムはこの12月の雪嵐の夜を、これ以上楽しく過ごす方法を夢想することさえできなかった。外では雪が横なぐりに降って、凍てつくウィスコンシン州の大気を切り裂いているが、家のなかでは美しい妻ジュディーが居間のソファにゆったりともたれ、その隣には自分の高校時代からの親友アンディーがいる。クリスマスツリーの電飾がやさしく明滅し、フランク・シナトラのなめらかな声が甘いクリスマスソングを歌い、暖炉の火は、きみたちをいつまでも温めてやるよとばかり、元気よくパチパチと音を立てている。いまカードをいじっているアンディーは、ジュディーが時代遅れのキッチンとバスルームをリフォームするのを手伝ってくれ、最近はすっかり家の常連客になってしまっていた。

自分が世界一気に入っているふたりを見ながら、サムは思った。「これぞクリスマスだ」と。シャンパンのボトルが空になったのに気づいた彼は、キッチンへ行って最高級のウォツカをひっつかんだ。そして「シェイクかね、それとも、ステア？」と、ジェームズ・ボンドをしっかり真似て声をかけ、微笑んだ。

「えーと、ステア」アンディーが答えた。

「ジュディーは？」

「それでいいわ」彼女は答えた。

「ステアということ？」

「そうね、何でもいいの」

「おい、元気がないぞ、ふたりとも」飲み物を運んできたサムがたしなめた。「歌おう、飲もう、楽しくやろうぜ！」

サムはあいているほうの手でキャンドルを持ち、それをマイクに見立てて歌った。彼の《きよしこの夜》はシナトラのそれとは合わず、いささか調子はずれになったが、このパフォーマンスにジュディーもアンディーも笑みを浮かべ、ウォツカ・マティーニのグラスを上げて乾杯のしぐさをした。

「さあさあ、ジュディー、いっしょに歌おうぜ」サムは誘い、ソファのほうに体を投げるようにしてドサッと彼女の隣に座った。「歌おうぜ、ベイビー！」

ジュディーは差し出されたキャンドルを顔から押しやり、「まずはカード・ゲームを終わらせましょう」と言った。

「そうだ、そうしよう！」アンディーがマティーニをぐいと飲み、にっこり笑ってジュディーのほうを見た。「ぼくが配るよ」

マティーニをもう一杯ずつ飲んで、3ゲームほどやると、3人は無口になって、「きみが親だ」「降りた」といったゲームに必要な言葉や軽口をときどき発するだけになった。ジュディーの心はゲームにはなかった。これは彼女が4年前にサムと結婚したときに思い描いたクリスマスではないのだ。

結婚したとき、ジュディーは高校を出たばかりで、サムも2、3歳年上なだけだった。でも、ふたりは幼稚園の砂場でいっしょに遊んで以来の友だちで、そのあともずっと付き合いつづけてきた。サムは、むずかしい時期の彼女も見てきた。青春期に彼女が通り抜けなければならなかった無様な瞬間も全部知っている。夢も希望もヘマも、ふたりはずっと共有して生きてきた。だから、ふつうのカップルは結婚してから互いの〝奇癖〟を発見し、それに慣れなければならないのに、ジュディーとサムの場合はそういうことはなかった。サムほどジュディーを知り、理解している者は、ほかにひとりもいなかった。

〈でも、それはもう昔のことだわ〉とジュディーは心のなかでつぶやいた。サムはもう、わたしのために時間をほとんど割いてくれない。こちらが自分の一日を話しはじめると、もうサムは聞いていない。たしかに、あっと驚くような話ではないけれど、あんまりだ。わたしがまだしゃべっているのに、部屋から出ていってしまうことだってある。でも、ふたりの結婚はまだ、世間によくあるような破綻状態にまでは至っていなかった。サムはジュディーを愛しているし、彼女はそれを一瞬たりとも疑ったことがない。でも、このまま心と心をふれ合わせずに、ただいっしょに死ぬまで暮らしていくのだと思うと、ジュディーは胸苦しくなり、寂しい思いでいっぱいになる。

いつもなら失望を振り払おうとするのだが、今夜は酒をかなり飲んだせいで感情のコントロールがきかず、心に居すわる不機嫌をどうすることもできない。アンディーがいてくれてよかった、とジュディーは思った。壁紙のサンプルを見て、どれにしようか思い悩んでいたとき、気にかけてくれているようだったのもアンディーだったし、貼り終わったキッチンの新しい壁紙をほめてくれたのも、夫ではなく彼のほうだった。おかしなことに、アンディーとなら何でも話せる——政治から、哲学、新しい料理のレシピまで、何でも。彼はほんとうにわたしの意見を尊重してくれているようなのだ。かつてサムがしてくれたように。

「おれは乾杯したいと思います」サムが声をあげた。「この楽しきクリスマスのかけがえのないひとときに。いまこうして、世界中でいちばん愛しているふたりとともにいられることに。わが愛するふたり、寛大な精神で辛抱強くおれに耐えてくれているジュディーに、そして、わが最良にして――もっとも寛容な――友に。リフォームを手伝ってくれて、ありがとう」

た。

「いやいや」アンディーはもごもご言い、グラスを上げてサムのグラスに当てた。

サムは友のぎこちなさを感じとらざるをえなかった。「どうしたんだ、おい、ウォツカで舌がまわらなくなったのか？」彼はジョークを飛ばし、アンディーの肩をぽんとたたいた。

アンディーはうなずき、深呼吸をひとつした。そして、ゆっくりと話しはじめた。「ぼくらは、ほんとうに長いあいだ親友だった。でも、打ち明けなければならないことが……」彼は言葉を切り、ジュディーのほうをちらっと見て、それからまた視線を親友に戻した。「サム、ぼくはきみの奥さんを愛してしまったんだ」

「ハッ!?」サムは返した。「つまらん冗談はやめろよ」

「ぼくたちのあいだにはまだ何もない。それだけはわかってほしい。ぼくにはジュディーが同じ思いかどうかもわからない。でも、これは冗談でも何でもないんだ」

サムは眉間に深いしわをよせた。そして妻のほうをじろっと見やった。〈こんなのジョークに決まってるじゃない〉という表情を求めて。

だが、ジュディーは驚きに打ちのめされたまま、顔をこわばらせている。彼女は塗装やタイル貼りをするアンディーをずっと手伝っていたが、その間、彼は自分の気持ちを打ち明けるような言葉をひと言も口にしなかった。でも、ふたりの気持ちがしっかりと通い合っていたことはたしかなのだ。ジュディーは毎日アンディーが来るのを楽しみにしていたし、彼がほかのリフォームの仕事で来られないときはがっかりした。わたしはこうなる運命だったのかもしれない、と彼女は思った。気がつくと「わたしも彼を愛してしまったみたい」と口走っていて、ジュディーは自分でもびっくりしてしまった。

サムは、胃がずんと沈むような感覚を覚えた。彼は後ろめたそうな妻の目をのぞき込んだ。頭のなかでさまざまな映像がめまぐるしく浮かんでは消えていく。砂場、子供のころの缶けり、ラバーズ・ポイント（恋人岬）までのドライブ、そこで何時間もしたキス、結婚式の日に古い田舎の教会の中央通路を歩くジュディー、ちっぽけなアパートメントで間に合わせのツリーを飾って過ごした最初のクリスマス。そして、頭のなかの映像は親友のものに切り換わった。結婚したおれに、おめでとう、と言うアンディー。妻にも祝福の言葉をかけるアンディー。2階のバスルームで塗装完成を祝ってジュディーをハグする、わが寛容なる友アンディー。夫の帰宅をいつまでも待ちつづける妻に付き合って、朝方までキッチンの椅子に座り、ジュディーとおしゃべりしていた、わが真の友アンディー。

怒りに駆られ、サムはクリスマスツリーの装飾をもぎとった。そして、上着と車のキーをひっつかむと、玄関ドアから雪嵐のなかへ飛び出した。車に乗り、近所を走りまわった。1フィート以上先は見えなかったが、そんなことはもうどうでもよかった。自分の全未来が、突如、何も見えない巨大な闇になってしまったのだ。

〈なんでこんなことになってしまったんだ?〉とサムは自問しつづけた。おれとジュディーは幸せだ。いや、幸せだった。たしかに最近、若くして結婚したことを後悔している自分がいた。独身の仲間が享受している刺激や興奮や自由がうらやましくてしかたなかった。おれは結婚にしばられている、と感じていた。だから、仕事のあと、ときどき仲間に加わって、ビールを飲んだり、ポーカーをするようになった。そしてすぐに、この仲間との時間を何ものにも邪魔されないように、自分の予定を組むようになる。仲間に門限がないなら、おれにだって、そんなもの必要ない。そうサムは思った。

夜遅く帰宅すると、ジュディーはもうベッドに入っていて、きれいに盛りつけられた料理がホイルに包まれて冷蔵庫のなかに入っている。そういえば、話をしようとするジュディーの相手をするのが面倒になって、テレビの前にどーんと座り込んでしまったこともよくあった。サムは首を振りながら、さらに考えつづける。そうそう、ジュディーがリフォームに参加させようといろいろ努力したのに、おれはそれをことごとくつっぱね、「忙しくて、そんな内装なんかにかかわっていられない」とか「アンディーに電話しろ、どうせあいつは暇なんだから」とか、言ったこともあったな。

雪化粧の木が並ぶ地平線から朝日が顔をのぞかせたとき、サムはようやく自分の家の庭内路《ドライブウェイ》に車を戻した。アンディーの車がなくなっていたので、ほっとしはしたが、妻と対面するのが怖かった。車から出たくなかった。だが、そこにとどまればとどまるほど、恐怖はふくれあがっていく。ついに恐怖に追い詰められ、自分を防御しはじめた――〈だって、おれは《今年の夫》賞なんていう、大それたものをもらおうと思っているわけじゃないんだ。それに、女房がおまえを裏切ったんじゃないか、サム！　許しを請わなければならないのは、あいつのほうなんだ！　しっかりしろ、おまえは悪くないんだ〉

●愛の証明

だが、サムはうなだれ、涙を流しはじめた。自分が妻よりも飲み仲間を優先していたことに気づき、自己嫌悪に襲われたのだ。これでジュディーを失うのだと思うと、全身が痛むような感覚を覚えた。サムは決心した。〈この責任はおれにあると認めよう〉と。結婚という花をしおれさせたのは自分なんだ。最近、夫婦で話し合ったことといえば、自分の仕事のことと、新しい芝刈り機を買うか買うまいかということだけ。それ以外のことをふたりで最後に話し合ったのはいつだったのかさえ覚えていない。そこまで考えて、サムはなんとか自分の結婚を守り抜こうと心に決めた。

サムが家に入っていくと、ジュディーはキッチンのテーブルにひじをつき、両手で頭をかかえていた。サムは妻の真向かいの椅子を引っぱり出した。

「ごめん」彼は椅子に座った。

サムの謝罪の言葉に、ジュディーはふっと気持ちがゆるんだ。「なぜあなたが謝るの？」彼女は訊いた。

「これの原因はおれがつくったからさ。おれはきみにふさわしい愛し方をしていなかった」

サムはジュディーの両手をにぎりしめた。「おれはダメな夫だった。それはわかっている。だが、ひとつだけお願いがある」

「なあに？」ジュディーはささやいた。

「おれに1カ月だけくれ。30日だけ。そのあいだにきみに対するおれの愛を証明してみせる。もしひと月たっても、まだきみがアンディーのところへ行きたかったら、おれはもう止めやしない」

「わかったわ、30日ね」ジュディーは答えた。

毎晩、サムは仕事を終えると、車でまっすぐ家に帰った。そして、夕食が終わっても、長いあいだキッチン・テーブルから離れず、ジュディーといっしょにいた。ふたりは話し合った、ときには続けて5時間も。サムはすっかり誠実になっていて、自由が欲しいという気持ちがあったことは認めたが、それはもう過去のことと、妻を安心させた。「友だちどもはおれの持っていないものを持っているって、おれはうらやましくなっちゃったんだ」とサムはジュディーに言った。「それは逆だったんだと、いまではわかっている」

1週間がたつと、ジュディーはもう心を決めてしまった。だから、アンディーを愛していると言ったことについて説明しようとした。「わたし、寂しかったの。あなたはいつも家にいなかったから。昔はどんなことでもふたりで話し合ったのに、いまはなぜできないのって、哀しくなっちゃった。ただ結婚を維持すればいい、というのではいやだった。それで頭が混乱してしまったんだと思う。わたし、アンディーを愛してなんかいなかったの。ただ、もう一度愛されたかったのよ」涙があふれ出て、ジュディーの頬を伝わった。「ごめんなさい、ほんとうにごめんなさい」

サムは妻をしっかりと抱きしめた。「おれだって、謝らないと」彼はささやいた。「おれたちはずっといっしょだ。ずっと、一生」

今年でサムとジュディーの結婚は42年になる。サムは本気で〝一生〟と言ったのだ。このときの危機は、いまではもう遠い昔の記憶でしかない。いまのふたりの関係は、実に生き生きとして、明るく輝いている。

「愛の最初の開花期が過ぎたら、すぐ別のもっといい人を探す、というやり方なら簡単ね。神様や他人《ひと》や自分を信じられなくなっちゃうけど」ウィスコンシン州の自宅の居間に座って、ジュディーは言う。「でもね、**結婚に不満があるなら、まずは連れ合いにその気持ちを伝えないと**。そうする前に、心の隙間を埋めようと新しい王子様を待つようになってはだめ。逃げ去ろうとしている愛は、自分が思っているほど遠くまで行っていないんだから」

「そういうこと」サムが言う。「**連れ合いをほったらかしにするという罠《わな》にははまらないよ**

うに気をつけないと。とくに結婚の早い時期は要注意だ。気持ちが遠のきはじめているとわかったら、その責任は自分にあると認め、エゴはわきにのけて、そうなると約束したとおりの夫にならないと。**ほんとうに変えられる人間は自分だけなんだから**」

ジュディーは砂場で出会った男を誇らしげに見やり、自分たちの関係が充分に成長したことを認めた。「いまのサムとの関係は最高。それよりも深くて意味のある関係を求めようなんて気はまったく起きないわ」

サムは妻の言葉に満足した。「わかったかい？　これが、わたしら鈍い男どもにも希望があるという証拠さ」

心をさらけ出せない夫婦
――ペリーとキャロリン◎エーレンシュタイン夫妻（結婚歴54年）

キャロリンは夫のベッドのそばに座り、自分がいちばん恐れていることを打ち明けた。「あなたが逝ってしまったら、わたし、どうすればいいのかわからない」と彼女は言う。「あなたのいない生活なんて、想像できない」ペリーは何も答えない。最近はしゃべる力も出ないことが多い。だが、言葉がいつも必要とはかぎらない。夫妻は深く理解し合っているからだ。今年で結婚54年目、いまやふたりはあらゆる感情を分かち合っている。どんな心配、恐れ、不面目も、隠されることはない。そして、ふたりのあいだで交わされなかった愛の表現など、ひとつもない。

「わたしたちはね、それはすばらしい結婚を続けてきたの」とキャロリンは言う。「いろいろ学んで、いまみたいに心と心を通わせられるようにならなければ、この試練にも耐えられなかったんじゃないかしら」

ペリーの心臓がおかしくなったのは数年前だ。手術をするとよくなるのだが、また悪くなり、再び手術。その繰り返しだった。「病院にいても、この人ったら、ジョークを飛ばして、わたしを笑わせるの」とキャロリンは言う。だが、あるときペリーはリンパ腫との診断を受け、もう回復は無理なのではないかという危機におちいる。ふたりはむずかしい決断を迫られた。化学療法をし、重くなりうる副作用に耐えて時間を稼ぐか、それとも何もしないいか。「最初、意見は一致しなかったわ。それで、あらゆる点を徹底的に話し合ったの。そして結局、同じことを望んだの」

いまは胸を開いて理解し合えるふたりにも、コミュニケーションがうまくできなかった時期があった。生死にかかわる重大事についてはもちろんのこと――どんな車を買うかということについても、ペリーは長いあいだ自分の気持ちを妻に伝えられずにいた。その結果、ペリーは4ドアの最新型を買うことを心ひそかに熱望しているのに、結局はいまある2ドアを別の2ドアに買い換えるということになってしまう。ペリーにとっては、相互理解を犠牲にして平和を維持する事なかれ主義こそが、結婚をうまく続ける秘訣だったのだ。そして、その思惑どおりに進んでいる、と彼は思っていた。ある日、妻に反対のことを言われるまでは……。

結婚して四半世紀、ペリーとキャロリンは一度も喧嘩しなかったたし、言い争うこともめったになかった。エーレンシュタイン家では、ドアがたたき閉められたことも、侮辱する言葉が投げつけられたことも、無言の脅しがかけられたことも、一度だってなかった。だから、夫婦間のコミュニケーションを改善するための研修会に参加してみない?、と妻のキャロリンに言われたとき、ペリーはたじろいだ。「ぼくは自分の魂を赤の他人にさらけ出す必要なんてまったく感じないね。もっとうまくコミュニケートする方法を学びたいときみが思っているんだったら、ひとりで行ってくればいいじゃないか?」

キャロリンは溜息をついた。子供たちが独立して、ふたりだけの生活に戻ると、彼女は夫と意味のある会話をしようとしても、ぎくしゃくしてうまくできないことが往々にしてあることを知る。1週間に1度、ふたりは〝デート〟する日を決め、ふたりだけでリラックスして自宅でディナーをとり、ここ1週間に自分の身のまわりで起こったことを話し合うことにしていた。ペリーは出席したYMCAの理事会のことを、キャロリンは経理を担当している医療用品会社の最近の人事異動について話したりする。で、このディナー・デートが終わると、ふたりは皿を洗い、それぞれ行きたい集まりがあって、そそくさと外出してしまう。ともかく、この短い情報交換だけでは、キャロリンが求めていた親密さは生まれなかった。夫を愛せば愛すほど、彼女はますます孤独になっていった。「結婚はもっといいもののはずだわ」とキャロリンは思った。

ペリーは〈妻の気持ちなんて知る必要ないし、妻がぼくの気持ちを知る必要もない〉と思いはしたものの、あくまでも平和維持をめざす事なかれ主義者だったので、研修会に参加することをしぶしぶ承知した。だが、いざ参加してみると、何かが琴線にふれた。自分について話すという課題で、ペリーはわずか25秒のうちにキャロリンが25年間で聞いたよりも多くのことを語った。会の指導者たちはこのペリーとキャロリンにいたく感心し、あなたたち自身が指導者になって、ほかの夫婦の手助けをしてはどうか、と勧めた。

続く数年間、ふたりの結婚は花開いた。それまでは〈なにがなんでも争いを避ける〉ということを誇りにしていたペリーが、はじめて、ときどき反対意見を述べるようになった。彼は、感情には〝正解も誤りもない〟ということを理解し、買う車について妻と意見が分かれても結婚は壊れないということも知った。ふたりとも前より聞き上手になり、相手が言おうとしていることを理解しようと、しっかり耳をかたむけるようになった。つまり、投げては受ける対話がきちんとできるようになり、相手の言うことを無視して答えを適当にこしらえる、ということがなくなった。

そしてふたりは、信仰に基づく《結婚対話の会》の指導者になったばかりでなく、もっとも人気のある教師のなかにも数えられた。新たなきずなで結ばれた多数の夫婦が、関係を改善できたのはペリーとキャロリンのおかげだと感謝し、エーレンシュタイン夫妻への賞賛を惜しまなかった。ふたりは感謝の手紙をたくさん受け取ったので、それをぜんぶ収められる特別な箱を買ったほどだ。

ところが、この会にあまりにものめり込んだため、キャロリンがまいってしまう。集会に次ぐ集会、さらにブレインストーミング・セッション、週末を全部使った研修会。これを、フルタイムの仕事をしつつ、すべてこなさなければならなかったのだから、キャロリンもへとへとになってしまった。兄が突然、心臓発作で亡くなったとき、彼女はとうとう〝もうだめ〟と音をあげた。愛する者の死に向き合わなければならないというときに、予定どおり次の会を指導するなんて、自分にはとてもできない、とキャロリンは思ったのだ。

彼女はついに夫に打ち明けた。「わたしはもうこれ以上やれないわ。抜けます。あなたは残りたいのなら残って」

指導者には夫婦でしかなれない。そのルールは、ペリー同様、キャロリンにもよくわかっていた。キャロリンが抜けるということは、ペリーも抜けなければならないということだ。《結婚対話の会》に参加した若い夫婦からペリーが受けた賞賛は絶大なもので、彼にとってそんなことは生まれてはじめてのことだった。自分が特別な存在、かけがえのない重要人物になったような気がした。それは、これまでの平凡な生活では決して得られなかった感覚だった。〈ぼくを見る彼らの尊敬のまなざしには、もうほんとうに驚いてしまう〉と彼は思った。家族には愛されていず、感謝されてもいない、というわけではない。ペリーは家族にも愛され、感謝されていた。さらに、YMCAではボランティアの理事として、また仕事場のアパレル会社では生産部長として、それなりの評価を受けていた。

しかし、《結婚対話の会》ではペリーはスターなのだ。大きな注目とおびただしい数の賞賛を一身に浴び、自分が牧師か有名な講演者になったような気分になれる。若い人たちからは、いつかはそうなりたい夫の鑑《かがみ》のように見られる。この栄光の感覚は、若いころにスポーツの試合で味わったつかのまの勝利の喜びに勝るものだった。〈試合に勝った喜びは、今日かぎりのことで、明日までもたないが、この名誉の感覚はいつまでも消えない〉と彼は思った。それどころか、《結婚対話の会》でのペリーの指導活動は、単に誇れる経歴にとどまらず、彼のアイデンティティーの一部にさえなっていた。

それなのに、キャロリンのせいで、彼はそうした賞賛ときれいさっぱり別れなければならないのだ。〈なんできみはこんなことができるんだ?〉とペリーは思った。〈これをぼく

から奪うなんて、よくもまあできるもんだ?〉

だが、声に出して言ったのはひと言、「いいよ」だけだった。

●曲がった指

裁かれるわけではないのだから、自分の気持ちを正直にさらけ出さないといけないと、そもそも《結婚対話の会》に教わったのではなかったのか? しかし、ペリーはそれ以上何も言わなかった。キャロリンの決定は〝すでに決まったこと〟で、もうくつがえせない、とペリーは思ったのだ。彼にはあらゆる話題が危険に思え、妻とは安全な感情しか共有しなくなった。すべてを忘れるのがいちばんいいんだ、とペリーは自分に言い聞かせた。キャロリンと一生懸命頑張って、すばらしい関係を築きあげたのだ。それを壊すような危険はおかせない。

実際、エーレンシュタイン夫妻の結婚生活はそのまま良好な状態をなんとか保ちつづけた。ただ、ひとつだけ例外があり、それはペリーの手だった。しばらく前から痛みだした関節炎が悪化し、指が曲がりだしたのだ。手を閉じられなくなることもよくあった。6年間、医師の処方する薬は何ひとつ効かず、痛みをおさめる方法は氷で冷やした水のなかに手をひたすことしかなくなってしまった。

ある週末、キャロリンは用事で町から出ていて、ペリーはひとりで教会のセミナーに出席した。巡回牧師が感情的癒しと身体の関係について話してくれることになっていた。

最初の日、牧師はペリーの手をひと目見るなり、結婚生活がうまくいっていないのではないかと訊いた。

「いいえ、うまくいっています」とペリーは答えた。

2日目、牧師は集まった信徒たちにこう言いきった。「このなかに、妻を許さないでいるために関節炎を患っている中年の男性がいます」

「えっ、ちょっと待って……」ペリーは反論しようとしたが、途中で言葉をのみ込み、自分の手を見た。そのときはじめて、曲がった指のなかに見えた——自分がしっかりと隠しもちつづけていた恨みを。心の傷が、怒りが、裏切りが、苦い胃液のように一気に込み上げてきて、ペリーは長いあいだ抑え込まれていた感情を吐き出さずにはいられなくなった。おまえはキャロリンに無言のうちに「こんな仕打ちをしたきみを絶対に許さないぞ」と告げていたのだ、と自分の心が暴露した。それに気づいた瞬間、ペリーの手は癒えはじめた。

そして、ペリーとキャロリンは《結婚対話の会》の仕事に戻った。結局、そのときまで、キャロリンは夫の怒りや恨みに少しも気づかなかった。自分たちはすでに望みうる最高度の親密さを獲得したと思い込んだペリーが、それを損なうことを恐れ、自分の感情をしっかりと抑え込んでいたからである。今度の件でふたりは、相手について学ばねばならないことがもっとたくさんあるのだということを知った。ペリーは、安全なものだけでなく、すべての気持ちを妻に告げるようになった。ふたりとも、無防備になって自分をさらけ出そうと努力した。ふたりの努力は、どちらも想像さえできなかった親密さという果実をもたらした。〈**すばらしい結婚というのは、一度つくったらそれで完成というものではないのね**〉キャロリンは悟った。〈いつでも愛がよどみなく流れるように、ずっと育みつづけないといけないいんだわ〉

それからは、心を全開にしたコミュニケーションによって、ふたりの結婚は特別な輝きを放った。ペリーががんと診断されてからは、その輝きはさらに増した。「わたしたちは心に浮かんだことを何でも自由に話せるの。相手の反応を恐れるということはまったくないわね」とキャロリンは言う。ペリーは気分がすぐれないときに元気なふりをする必要はない。キャロリンは、ひとりになるのがとても怖い、と夫に言うことができる。そして、心を開いた話し合いを重ねたすえ、ふたりは化学療法はやめようという結論に達した。それでいいのだと、ふたりとも心安らかになれたわ、とキャロリンは言う。

「**後悔をいっぱいかかえて死んでいく人たちがたくさんいるわ**」彼女は続ける。「夫と、妻と、もっと仲良くしたかった、もっと頻繁に『愛しているよ、愛しているわ』と言えばよかった、とかね」エーレンシュタイン夫妻の場合、こと結婚に関しては後悔はまったくない。ペリーはかつて若い夫婦に賞賛されて舞い上がったこともあったが、いまは、そんな他人《ひと》の賞賛も、妻との関係のなかに見つけた宝物の前では色あせて見える。

6

すばらしい結婚を可能にした「最大の秘訣」は何ですか？

1

1. 2 ジャックとドロシー◎マーニーン夫妻（マットの祖父母、P235〜）

2

●マットの悩み●

親しき仲の〝見下し合いバトル〟

70歳を超えたカップルが、クリーヴランド郊外の自宅の玄関ポーチに立ち、互いに腕を組みながら、さようならと、ぼくたちに手を振ってくれている。だが、ふたりの微笑みと旅の無事を祈る思いの背後に、それとは別のものがあるのを、ぼくは見逃さなかった。奥さんの顔にはちょっと不安げな表情が浮かんでいたし、夫のほうは首を振っていた。ジェイスンとぼくは、2、3時間かけてこの夫婦に〝すばらしい結婚を手にする最大の秘訣〟について尋ね、ビデオをたっぷり撮り、メモをたくさんした。そしていま、いただいた手作りのクッキーをポケットに詰めて、ふたりの家をあとにしたばかりだった。このふたりの〈マリッジ・マスター（結婚の達人）〉はとても気前がよかった——自分たちの人生を率直に語ってくれたうえにクッキーまでくれたのだ。ふたりが自分たちの率直さを後悔していたとはとても思えない。いや、彼らが心配していたのは自分たちのことではない。

それは、ぼくたちの関係。ふたりが心配していたのは、ジェイスンとぼくの関係だ。

夫妻の家に着いたときには、ぼくたちは陽気にジョークを飛ばしていたが、それはみんな演技だった。ぼくと親友とのあいだの緊張はそう長くは隠しておけなかった。あなたみたいにハンサムでチャーミングな若者になぜ恋人がいないの、と奥さんがジェイスンに訊いたとき、ぼくはもう我慢できなくなっていて、「それはですね、屁をこきすぎるという問題があるからです！」と口走ってしまった。だれも笑わなかった。ジェイスンはもちろん笑わず、〝こりゃ、おもしろいや〟という表情をわざと浮かべてみせた。だが、その朝は、そもそもジェイスンのほうが先につまらない意地を張って、ぼくをむかつかせていたのだ。だって、まっすぐ急行しても夫妻との約束の時間に遅れるというのに、どうしても角のコンビニに寄ってヒマワリの種を買うと言い張ったのである。ジェイスンも知っているように、ぼくは遅れるのが大嫌い。ところが、ジェイスンときたら、ぼくとは正反対で、人を待たせなかった日はむだに過ごした一日なのである。ともかく、それくらい人を待たせても平気な性格なのだ。

〈マリッジ・マスター〉たちから関係を長続きさせる秘密を聞き出すために、アメリカ横断の旅を始めて6週間、ジェイスンとぼくはまだ3週間いっしょに過ごさなければならなかった。正直言って、もうそんなにはもたない、とぼくは思った。お互い頭にきたことは何度かある。だが、これまではいつも収まり、仲直りした。たしかに、親友であっても、長いあいだ狭いスペースにいっしょに閉じ込められていれば、かならず相手にいらだちはじめる。それはそのとおりだが、そのときのぼくたちの関係はもう、いらだちの段階など9つ前の州にいたときにすでに超えてしまっていた。いまやもう、お互い、《エルム街の悪夢》のフレディ・クリューガーのナイフ千本に黒板を引っかかれているような気分なのだ。仲良し関係がこのレベルに達するまで、ぼくはジェイスンのルーズさへの嫌悪感がここまで激しくなるとは思ってもみなかった。いや、時間にルーズな点だけじゃない、もうすべてが気にさわるようになった。

ヒマワリの種だってそうだ！ ジェイスンはキャンピングカーのなかでヒマワリの種を食べるのが好きだった。シマリスみたいに種で頬をふくらませ、唾液だらけの殻を空のコーヒーカップに吐き出すのである。カップは満杯になるので、角を曲がるたびに、唾液でべたべたになった殻がこぼれ、カーペットに落ちる。それをジェイスンは片手でいいかげんにすくいとるだけだから、少なくとも半分は床に落ちたままになる。ぼくは何度言ったかしれない。カップのなかに殻を入れたままにするな、って。だが、ジェイスンは一向に改めなかった。詰まる可能性があるから、キャンピングカーのトイレには殻を流さないでほしい、とも、やさしく言った。彼はこれにも耳を貸さなかった。ぼくはジェイスンがまき散らした殻を掃除するのにはもう、いいかげんうんざりしていた。すぐに、ジェイスンがカップに殻を吐き出す音を聞いただけで、車を止めて彼を道にほうり出したくなった。なんだか殻を顔に吐きかけられているような気がしてきたのだ。

その朝、〈マリッジ・マスター〉の家に着くまでに、ぼくは「もう終わりだ、いますぐ絶交しよう」とまで思いつめてしまった。あと23日も、ヒマワリの殻をペッペッと吐き出しつづけるグズのジェイスンといっしょにやっていくなんて、とてもじゃないけど耐えられなかった。だが、結局は、家に戻るまでの辛抱だと自分を慰めた。帰ったら即、彼は彼の道を、ぼくはぼくの道を行けばいい。でも、同時に、どうしてなんだろうと考え込まざるをえなかった。〈いったい何がおかしくなってしまったんだろう？　ぼくたちはついこのあいだまで、兄弟みたいにと言っていいくらい大の仲良しだったのだ。小学3年生のとき以来ずっと強くなりつづけてきたぼくたちの関係の、いったい何が失われてしまったのか？〉

気づくのには少し時間がかかったが、その答えは、その日クリーヴランド郊外で行ったインタビューのなかにあった。実はそれは、前日のインタビューのなかにも、さらにその前のインタビューのなかにもあった。いや、つまりは、ロサンゼルスからクリーヴランドまで何千マイルもの道程をジグザグに進みながら行ってきた何十ものインタビューのなかにもあった。要するにその答えは、どこに住んでいるか、何年結婚しているか、銀行口座にいくら預金があるか、といったことにはまったく関係のないものだった。すばらしい結婚を手にする最大の秘訣について〈マリッジ・マスター〉たちに話してもらっているうちに、〝**結婚を成功に導く秘訣は相手を敬う気持ち**〟というのが、彼らの一致した答えであることが明らかになったのだ。

敬う気持ちですって？　結婚でいちばん大事なことは、相手を敬うこと、というんですか？　うーん、なるほど……あなたがたが見つけた結婚の秘密が入っている魔法の袋のなかにあるのはそれだけですか？　ほかにないのですか？

〈なんという期待はずれ〉そういう答えを聞くたびに、ぼくは思った。だって、相手を敬う気持ちなんて、結婚ではあたりまえのこと、祭壇での指輪の交換のようなもの、とぼくには思えたからだ。相手を敬うなんて……月並みで退屈とまでは言わないが、きわめて基本的なことではないか。だれだって、子供のころ、いろいろな人を――親を、お年寄りを、先生を、街のお巡りさんを――敬えと教えられたはずだ。それなら、結婚相手――生涯の伴侶――を敬うなんて、わけないことのはず、でしょう？　もし相手を敬いさえすれば結婚はうまくいくというのなら、なぜこんなに多くの人が離婚するのか？

　ぼくたちの険悪な雰囲気に困惑した〈マリッジ・マスター〉たちの目の表情に、ぼくはいつまでも追いかけられているような気がしていた。その朝クリーヴランド郊外でやっと、〈そうか、ジェイスンとぼくとの関係から失われつつあったのは相手を敬うという気持ちだったんだ〉と気づくまで。そういえば思い当たるふしがあった。自分にはジェイスンを見下しているようなところがあるとわかっていたにもかかわらず、それをやめることができなかったのだ。次のインタビュー先に向かう途中、心が苦しくなり、胃がむかついて、ぼくはかすかな吐き気さえ覚えた。

　次の〈マリッジ・マスター〉の家を見つけ、いざ乗り込もうとしたとき、ぼくの携帯が鳴りだした。ぼくたちがこれからインタビューしようとしていた夫婦の奥さんのほうからの電話で、ちょっと出かけなければならなくなって、帰るのは20分後になる、とのことだった。ぼくは車のエンジンを切った。ジェイスンはシートに頭をつけて深くもたれかかり、そっぽを向いて目を閉じている。彼は長く続くこういう気まずい沈黙にも容易に耐えられる男だ。ところが、ぼくときたら、ふたりのあいだに沈黙のカーテンが引かれるだけで、もう息苦しくなり、キャンピングカーという閉所にいるのが我慢できなくなる。そこで、意識を集中し、懸命に考えて、ぼくたちの関係がほころびだした瞬間を特定することにした。すると、そばにいられるだけでいやという激しい嫌悪感の原因となった、あるひとつの瞬間や状況というものが存在するわけではない、ということに気づいた。さまざまなことが積み重なって、そういうことになったのである。

たしかに、ジェイスンの遅刻癖は軽蔑したくなる欠点だ。だって、ぼくが遅刻が大嫌いだということを彼は知っているのである。しかし、これは単にそれだけの話に終わらない。それなら、これからぼくたちがインタビューしようとしている〈マリッジ・マスター〉たちはどうなのか、という問題が生じるからだ。ぼくは約束した時間にちゃんと待っていてくれなかった夫婦には怒りを感じていないのである。目をグリッと上げて、ふたりにガミガミ文句を言い、背を向ける、なんてことをするつもりはない。だが、ジェイスンが相手だと、5分遅れてキャンピングカーに駆けもどってきただけで、以上のことすべてをたっぷりお見舞いする。彼はぼくの親友のはずなのにね。

この複雑な問題も、単純な問題と同様、理屈ではなく意志によって解決できるのだということに気づくまでに、かなりの心的葛藤があった。敬うということの意味――他人《ひと》を尊び大切にすること――くらい、ぼくだって知っていた。でも、わが親友に対してはそれを実行することができなかったようなのだ。ここ2、3週間は、ジェイスンよりも赤の他人のほうにずっと親切にしていた。ぼくは彼が決めたことにはいちいち反対し、彼の言葉をさえぎってしゃべり、あらゆる機会を見つけて彼を人前でコケにした。そうすることに喜びを見いだしていたのだ。からかいや冷やかしなんてものはなくなった。ぼくたちはもう軽いからかいでは満足できなくなって、激しく傷つけ合うようになっていたのだ。もしも、このキャンピングカーに数週間ではなく一生いっしょにいると、ぼくらが誓約していたとしたら、いったいどうなるだろう？　きっとふたりとも気がふれてしまうにちがいない！　どちらかが逃げ出すに決まっている。

●実行するのが難しいんですけど……

〈そもそもの問題はこれだったのか？〉とぼくは自問した。〈ぼくたちの友情にいま起こっていることは、幸せな結婚を不幸せなものにする状況と同じものなのか？〉

つまり、生涯ともに旅をすると誓った男と女が、でこぼこの悪路に入り込んでしまい、幹線道路へ戻る道をどうしても見つけられずにいる（むろん男は車を止めて道を訊くことなど絶対にしようとしない）、という状況。どちらかが一度腹を立てたくらいでは関係は壊れはしない。だが、それに対して他方が自分を守ろうとして皮肉でやり返すと、やり返されたほうは腹が煮えくり返る。そして、そのときはそっぽを向いて激しい怒りを内向させ、相手を人前でへこましコケにできる機会を探すようになる。こうして、ふたりの関係は戦いになり、互いに勝利を数えて暮らすようになり、罪のない言葉も曲解されるようになる。たとえば、「ディナーは家で食べよう」は「わたしを食事に連れていく気なんてまったくないケチ」と解釈され、たちまちのうちに、ディナー中に聞こえるのは、ナイフとフォークのカチャカチャいう音と食べ物をかむ音だけ、という状態になってしまう。

互いに軽蔑し、見下し合いはじめると、それが打ち壊しがたい行動パターンになってしまうことがある。ぼくは自分がジェイスンを見下し、そういうふうに彼に接しているのを知っていた。だが、よそうと思っても、できないのだ。互いに見下し合うサイクルができあがってしまっていて、そこから逃れようとしても、あたかも引力に捕まっているかのように引きもどされてしまうのである。悪いことと頭ではわかっていても、感情に負けてしまい、自分への侮辱に対しては、相手への攻撃か自己防衛というワンパターンの反応しかできなくなる。そして、向こうがカッとして言い返せば、傷つけてやったという一時的な満足感を覚える。どうも、〝相手を敬う〟というやつは、3日連続で実行するよりも、それについて語る〈マリッジ・マスター〉たちの話を250時間聞くほうが簡単のようだった。ともかく、そういうわけで、ジェイスンとぼくはヒマワリの種をめぐって、20年以上にもわたる友情に終止符を打つ〝離婚〟をしようとしていた。

そのときだ、〈マリッジ・マスター〉たちがぼくたちに伝えようとしつづけていたことを、ぼくがほんとうに理解できたのは。ただし、その〝相手を敬う〟技をみがくにあたっては、いささか注意すべき点がある。それは何年にもわたる鍛練によってつくりあげられる筋肉のようなもので、〈マリッジ・マスター〉たちのそれとぼくのとを比べると、シュワルツェネッガーの大腿四頭筋とドラムスティックほどの差がある。

でも、誤解しないでほしい。〈マリッジ・マスター〉たちだって、ときには相手を見下してきたのである。しかし、それが1回限りのことであろうと、何度か重なってパターン化しはじめていたことであろうと、彼らは何が起こりつつあるのか把握し、さらに、それにきちんと対処してもきた。そうやって互いに成長し変わってきたのだ。お互い、そっぽを向いてもおかしくないようなときに、しっかりと向き合って相手の言うことに耳をかたむけたのである。そして、たとえ自分が一時的に不快になろうとも、相手の意見や気持ちを大事にした。こうして新たに発見されて深まった相手を敬う気持ちが、以後何十年ものあいだ、ふたりの関係を決定づけるものとなった。

となるとやはり、結婚を成功に導く最大の秘訣を実践するのは、それほど簡単なことではないのかもしれない。


次のインタビューの時間になって、ジェイスンとぼくはキャンピングカーから飛び降り、玄関の呼び鈴を鳴らし、なんとかにっこり笑ってみせた。

「いやあ、きみたち、すごい車に乗っているね」〈マリッジ・マスター〉はキャンピングカーを見やった。「これでもうどのくらい旅をしているんだね?」

ジェイスンとぼくは思わずフーッと息を吐いた。「ええー、6週間ほどです」

「じゃあもう、どちらも相手を殺したくなっているだろう?」老夫婦は笑い声をあげた。

ぼくたちは何も言わなかった。黙って、夫婦のあとについて居心地のよい居間に入り、だれもがくつろげる雰囲気をつくった。

そして、ジェイスンがビデオカメラをまわしはじめ、ぼくはいきなり大きな質問を投げつけた。「50年もの結婚を可能にするあなたがたの秘訣は何ですか?」

誰の幸せをいちばん大事にするのか
――ジャックとドロシー◎マーニーン夫妻（マットの祖父母、結婚歴63年）

朝鮮戦争中、18カ月も日本に滞在したジャック・マーニーンは、その間、故郷の家が恋しくてしかたなかった。彼は結婚後ほぼ3分の1を海外で過ごさねばならなかった。最初は第二次世界大戦中に海軍の掃海艇の乗組員として、そしていま、かつて侵略せよと命じられた国の再建を助ける三級機関士として。ジャックは日本の労働者を訓練して機械工にする仕事をしていた。日本語を学び、新しい仕事仲間の多くと友だちになった。だが、仕事はきつく、仕事場の雰囲気は張り詰めていた。長崎と広島のことを話すのはタブーだった。だれひとり、何マイルもの高さにまで噴き上がった原爆のキノコ雲について語ろうとしなかったし、とりわけ核爆発と後遺症で20万人以上の日本人が殺されたことについてはふれようとしなかった。彼らは朝鮮戦争のことを話した。戦争は日本にまで拡大するのだろうか？　ここはいつ戦場になってもおかしくないのではないか？　そういう不安が話題だった。むろんジャックは祖国のために尽くすと誓った身だが、戦闘はもう二度と見たくなかった。

先の大戦で掃海艇に乗っているあいだ、ジャックを支えつづけたのは、頭に刻まれた家庭の映像だった。目をつぶれば、結婚して4年になる妻のドロシーと、まだ赤ん坊の娘がはっきりと見えた。彼は未来の妻とはじめて会った晩の記憶を〝再生〟するのが大好きだった。信じられないことにジャックは、その晩のブラインド・デートをもう少しで断るところだった。が、幸運にも、会うまで相手がわからないデートをする気になり、ドロシーと出会うことができた。ふたりは農民共済組合会館のダンスパーティーに行き、まるで何年も前からの知り合いであるかのようにダンスをし、話をした。白いペチコートの上にタフタのドレスをまとったドロシーは、とても華麗に見えた。

「わたしは主婦になるつもりはないの」とドロシーはジャックに言った。「どこかのオフィスで働くつもり。ゆくゆくは会社を経営してみたいわ」ジャックはこれほど前向きな女性に会ったことがなかった。

ふたりがビッグ・アップルと呼ばれるスイング・ダンスを踊りはじめたとき、ドロシーが勢いよく回転しすぎたために、ドレスのボタンがはじけ飛ぶというアクシデントが起きてしまった。ドロシーは狼狽し、ドレスを押さえてその場に突っ立っていることしかできなかったが、ジャックはまわりで跳ねる靴に指を折られる危険をものともせずに、フロア中に散らばったボタンを全部拾い集めた。ドロシーは紳士ぶりを発揮したジャックに感謝の言葉を投げると、急いでトイレへ逃げ去り、ドレスの応急手当をした。その夜ジャックは、ドロシーを車で送る途中、おれは自分にぴったりの〝ベスト・ガール〟に出会ったのだという確信をもった。

第二次世界大戦が終わると、ジャックはようやく家庭に落ち着くことができた。だが、次女のメアリーがまだ5カ月というときに、戦争が再びジャックを家庭から引きはがす。ジャックは、前回家をあけたとき、ドロシーがどれだけ寂しがったか知っていた。〈今回は、おれがいないあいだも、あまり寂しくならないようにしてやろう〉と彼は思った。そして、すばらしい案を思いついたが、船で日本へ向かう直前になるまでそれを秘密にしておいた。

「当ててごらん！　マムとダッドにいっしょに住んでと頼んだんだよ。おれがいないあいだ、きみが寂しがらないようにね。名案だろう？」

そのときのギョッとしたドロシーの顔を、ジャックは生涯忘れることができなかった。「うわっ！　ドロシーは心の底から感激しているぞ！」とジャックは思った。ドロシーの唇が動いたが、そこから言葉はひとつも出てこなかった。彼女はいまにも泣きそうな顔をしていた。

船のなかでジャックは目を閉じ、家にいる全員を思い浮かべた——ドロシーと自分の母親のエヴリンが笑いながらスパゲッティを料理していて、父親のジョンと長女のジャッキーが味見をさせてくれと頼んでいる。命令を叫ぶ声も、船のエンジン音も聞こえず、いつ勃発するかもしれない戦争と、それがもたらす大混乱を恐れる必要もない。

服務期間終了の命令を受けたとき、ジャックは家にたどり着ける日が待ち遠しくてしかたなくなった。戦争とその後の処理のために、あまりにも長いあいだ妻子から引き離されていたのだ。ジャックは仲良く楽しくやっている家族を思い浮かべながら、シアトル行きの輸送船に乗り込んだ。

「どこへ行ってたんだ?」ドロシーの義父のジョンが詰問した。「ほかの男と遊びまわっていたのか?」

ドロシーは食料品を両腕にいっぱいかかえ、足早にキッチンへ向かった。「また残業で遅くなってしまったんです」彼女は声がとげとげしくならないように注意しながらジョンに答えた。

「怪しいもんだ」

ドロシーはエンドウマメの缶詰を戸棚のなかにたたきつけるようにおいた。そして、ディナー用の皿をガチャガチャと荒っぽく積み重ね、ナイフとフォークが入っている引出しをぐいと引っぱりあけ、食卓の準備をした。ドロシーの勤務先は立体映像機器を製造しているヴューマスター社で、仕事はビジネスレターの清書だった。彼女は自分の収入が家計の足しになっていることを誇りにしていた。週に40時間、ひじとひじがくっつくくらいタイピストでぎゅう詰めになった騒々しい部屋で働いているのだ。それなのに義父は、ふしだらな女のように遊びまわっていると勘ぐり、つらく当たる。

家に寝室はひとつしかなく、それをジャックの両親が当然の権利であるかのように使っていた。ということは、ドロシー、7歳になる長女のジャッキー、まだ赤ん坊のメアリー、それにジャックの妹は、壁紙も貼っていなければ塗装もしていない屋根裏部屋でいっしょに寝なければならないということだ。さらに、義父のジョンはドロシーの家の〝主《あるじ》〟を自任していた。こんな狭い家にこれほどたくさんの人間が住むこと自体むりがあるのに、ジョンはそのうえ身勝手な規則まで決めてしまっていた。ジョンは、毎晩家族で聴くラジオ番組を決め、夕食の時間さえ決めていたのだ。そして、ドロシーが毎日働きに出るという事実そのものに業を煮やしていた。

「おまえはキッチンで女の務めを果たさんといかんのだ。外の男の世界に入って仕事なんてするんじゃない」ジョンは毎朝そうドロシーに言いつづけていた。

「行ってきます、ジョン」ドロシーも毎朝そう言って、玄関ドアから出ていく。

「おまえのスカートはぴっちりしすぎだ！」義父はドロシーの背中に叫ぶ。

ドロシーはこの文句しか言わない恩知らずに「自分の家に帰れ！」とどれだけ言いたかったことか！　夫にだって、どれだけ言いつけてやりたかったことか！　しかし、そのどちらもできなかった。当時の女性は親に言い返してはいけないと教えられていて、むろんドロシーもそういう女性の一人だったのだ。では、ジャックにならいえるのではないか？いや、何千マイルも離れたところにいる夫をうろたえさせるなんて、とてもじゃないけどできやしない。夫は誇り高い男なのだ。愛する夫に、あなたの〝贈り物〟でわたしの生活はめちゃくちゃになっています、なんて、とても言えない。ジャックがそばにいるときは、ジョンはいつもドロシーに礼儀正しく接するのである。だから彼女は唇をかみ、何も言わなかった。〈家ではすべてがうまくいっています〉とドロシーはジャックへの手紙に書いた。

ジャックが戻ってくる前の晩、ドロシーは興奮して眠れなかった。夫をきつく抱きしめ、ハンサムな顔にキスをし、それから義理の両親の荷物を、家の前の歩道に積み重ねる――

そのことしか考えられなかった。

船から降りてきたジャックを見つけるや、ドロシーは両腕をまわし、1年半ものあいだ我慢せざるをえなかったキスをした。〈このひとときを台なしにしたくないわ〉彼女は自分に言い聞かせた。〈彼のダッドのことはひと言も言わないことにしよう〉

だが、ドロシーの決心は10分ほどしかもたなかった。なにしろシアトルからポートランドまでは車で4時間はかかるのだ。

「ハニー、心配しなくていいよ」ジャックは妻を安心させた。「おれが帰ってきたんだ。マムとダッドは自分の家に戻るさ」

ところが、1週間たっても、変わったことといったら、狭い家にさらにもう一人、ジャックが加わったということだけだった。ジャックは両親に自分たちの家に戻るように言えず、その話題を避けていたので、ドロシーはがっかりしてしまった。「わたしたちにもプライバシーが必要だって言ってちょうだい」とドロシーはせっついた。

ジャックはどう切り出せばいいのかわからなかった。平和な安息所を頭に描いて帰ってきたのに、家庭は冷戦状態だった、というわけだ。父のジョンはドロシーを召使いに、つまり、〝男の世界〟に決して足を踏み入れることのない〝かわいい良妻〟にしたがっていた。

父のドロシーに対する遠まわしの侮辱を耳にしたときは、〈あんなことを本気で言っているはずがない〉とジャックは自分に言い聞かせた。快活で陽気な妻は、落ち込むか怒りをたぎらせるかのどちらかになった。ジャックはただ、みんなに仲良くしてほしかった。打ち解けた幸せなおしゃべりでなごやかになりたかった。突然、自宅の居間にいるより、朝鮮からの戦争の危機にさらされながら日本にいたときのほうが、まだ気持ちは楽だったな、と気づいた。

ある晩、夕食の際、ジョンがさりげなく言った。「わしたちも、まだしばらくはここに住むわけだから、ジャック、わしの古い車を修理して乗れるようにしたほうがいいかもしれんな」

ドロシーはもう少しでミートローフを喉に詰まらせるところだった。

ジャックはごくっと唾をのみ込み、胃を締めつける緊張をほぐそうとした。「そうね」彼は声をかすれさせて答えた。

ドロシーがテーブルの下に手を入れ、ジャックの膝をごつんとたたいた。彼は歯をくいしばって痛みに耐え、「うるさい！」とばかり口をすぼめ、妻をにらみつけた。しかし、今度ばかりはドロシーも、同じくらいきつい視線を返し、夫の目をじっと見つめた。「いままでさんざん我慢してきたけど、もうごめんだわ！」と彼女の表情が言っていた。

その夜、寝る時間になって、夫婦はまたしても屋根裏部屋の垂木《たるき》を見つめた。そばのシングルベッドには娘2人が窮屈そうに眠り、横のマットレスにはジャックの妹が寝ている。結婚後はじめてドロシーは、夫に裏切られたのだという思いに襲われていた。夫が帰ってくれば、すべてが解決すると、1年半も待っていたのだ。それなのに、何も変わらない。夫が何もしないから、事態はさらに悪くなってしまった。〈なぜジャックはわたしの味方になってくれないのかしら?〉とドロシーは思った。

「わたしはあなたと結婚したのよ、ジャック」ドロシーは言った。「あなたのマムやダッドと結婚したんじゃないわ」

ジャックは悲しみと失望が入りまじった妻の声がいつまでも耳について離れず、耐えられない気持ちになった。眠れなくなって、何時間も寝返りを打ちつづけた。おれに何ができるというのだ?　自分を犠牲にしておれを育ててくれた親父に、もういてもらっては困る、出ていってくれ、と言うのか?　〈たぶんダッドも考えなおし、ドロシーはほんとうに働きたがっているのだと理解してくれるさ〉とジャックは自分に言い聞かせた。ダッドが自分から出ていくと言いだすことだってありうる。そうなれば、もっといい。いやあ、最高じゃないか！ 〈その可能性だってまだあるんだ〉とジャックは自分を安心させた。

3年半も戦争に引っぱり出されたジャックがいちばん欲しかったのは、平和な生活だった。だが、その代償はあまりにも高すぎるのではないか、という気もしてきた。やはり、おれには妻の幸せのほうがずっと大事だ、とジャックはようやく悟った。

●対決

翌朝、ジャックはキッチンに入って、紅茶を飲み終えて仕事に出ようとしていたドロシーにキスをした。ジョンも同じテーブルで、エヴリンが作った朝食をむさぼり食べていた。ジョンは、ちょっと耳を貸せと息子に手招きして、ドロシーにも聞こえるほどの声でこう耳打ちした。「おい、おまえの女房は旦那に食わせてもらえるのだということを知らんのか？ なんでこうも男の世界の一員になりたがるのか、わしには理解できん」

ドロシーは刺すような視線を夫に投げた。頭の皮をはぎとってやると言わんばかりの、おっかない目だった。ジャックは、胃のなかで舞いはじめた蝶々のはばたきを意志の力でなんとか止めようとした。いちばん大切なのはドロシーだ。こんなふうにドロシーをいじめる親父に何も言わなければ、おれ自身が妻を大事にしていないことになる。

「ダッド、おれの妻にそんなこと言わないでください。ドロシーは働きたがっているのです。おれはそれに大賛成です」

「なるほど、おまえはヒモになりたいわけか？　この女に何を吹き込まれたんだ？」

「あのですね――」ジャックはついに切り出した。「あなたとマムはふたりで住んだほうが幸せなんじゃないですか？」

ジョンはナプキンでゆっくりと口をぬぐった。「そうか、わしらがお荷物になったというわけだな？」そう言ったとき、息子のほうを見もしなかった。

「いえ、そういうことではなくて――」ジャックは押しもどされそうになった。「ただ、妻と娘たちとおれは家族なんで、それなりのスペースが必要なんです」

ドロシーとエヴリンはぎょっとして立ちすくみ、ジョンの大爆発にそなえて身構えた。

「これが育ててもらったことへのお返しか？」ジョンは重々しく言った。「わしらを追い出そうというのか？」

今度ばかりはジャックも一歩も引こうとしなかった。「そういう見方はよくないんじゃないですか。あなたとマムは自分の家で暮らしたほうが幸せだし、うちの家族もそうだということです」

「よし、わかった！」ジョンは叫び、ナプキンを投げ捨てた。「行こう、エヴリン、こんなボロ家、出ていってやろうじゃないか！」

ジョンとエヴリンは寝室へさがり、荷物をつくりはじめた。ジャックは緊張もいっしょに消えてくれと願いつつ、フーッと息を吐いた。ドロシーは両腕で夫をやさしく包み込んだ。愛情たっぷりのキスを頬に受け、ジャックは正しいことをしたのだと確信し、安堵した。

1カ月間、ジョンは息子からの電話に出ようとしなかった。が、結局、父と息子は仲直りをする。以後ジョンも、ドロシーの仕事について批判がましいことをいっさい言わなくなり、義父と嫁も友だちになった。お互い充分なスペースを得たことで、傷ついた関係が修復されたと言ってよい。

しかし、最大の変化はドロシーとジャックとの関係にあらわれた。ジャックはつねにドロシーを敬うようになった。ジャックは、妻は世界のだれよりも立派だと思う、と言うのが好きになった。そして、妻を敬うには、結婚式の際に言葉で誓約するだけでは足りないということにも、ジャックは気づいた。**敬う気持ちをたえず積極的に表に出す必要があるのだ。**ということはつまり、だれにもドロシーをけなさせないということであり、妻とは互いに人前では非難し合わないということだ。妻が子供に厳しすぎると思ったら、ふたりきりになるまで待ち、さらに、「なんであんなことができるんだ?」なんて頭ごなしにせずに、「……というのはどう思う?」とか「ひとつ提案があるんだが……」と切り出すのである。ドロシーのほうも、夫に対する敬いの気持ちを深くした。たとえば、夫が大事だと思っているだけで、自分はあまり興味がなかった社会活動にも、熱心に参加するようになったのである。そして、ドロシーが悲しんでいるか落ち込んでいるとき、ジャックはただ単に元気づけようとはしなくなった。**彼女がいまどんな気持ちでいるか、それをまず考え、それに合った対処の仕方をするようになったのだ。**こうして、互いに敬うという気持ちが、63年にもわたる愛に満ちた結婚を持続させる原動力となった。

ドロシーはジャックの手をしっかりとにぎり、相手を敬う気持ちへとたえず導きつづけてくれた祈りを思い出した――〈どうかお願いいたします、主よ、一日一日をともに楽しく暮らせるようにお導きください〉。

亡くなる少し前、「あなたの人生で最大の成功は何ですか?」と訊かれ、ジャックは即座にこう答えた。「それはドロシーとの関係だよ」

7

生涯ずっと愛情を保ちつづけるにはどうしたらいいですか?

ダークとルーシー ◎ダークスン夫妻（P278〜）

●ジェイスンの悩み●

「愛せなくなるかも」という恐れ

「きみたち、これだけ知っていれば、愛を長続きさせられるよ」ぼくたちが最初にインタビューした〈マリッジ・マスター〉（結婚の達人）〉であるトーマス牧師は言った。

ええっ、そんな秘密があるんですかと、ぼくは大いに期待して身を乗り出した。

「愛はGIVE（与える）と綴る四文字語なのさ」

〈だから何なんですか？　もっと実際に役立つ助言をGIVEして（与えて）いただけないでしょうか、牧師さん？　聖職者からはもう少し奥深いお言葉を聞けると期待していたんですけど〉

生涯続く結婚の秘密を探しているうちに、結局すべては〈愛を永続させるにはどうすればいいのか？〉という問いに集約されるのではないかと、ぼくには思えてきた。だって、あまりにも多くの結婚が「彼女に対して以前と同じ気持ちになれなくなってね」という理由によって打ち切られているのだ。ぼく自身、この台詞《せりふ》で彼女との関係を終わりにしてしまったことが何度あったことか。

いったい愛はどこへ行ってしまうのか？　これこそ、ぼくみたいな〝愛の短距離走者〟にとって、最大の関心事、どうしても知りたいことなのだ。

ぼくは目を閉じ、はじめて恋に落ちたと実感できたときのことを思い出した。大学生のときのことだ。ぼくたちはオレゴン州のカントリーロードをドライブしていた。春で、緑と光り輝く黄色に色づく畑のまっただなかだった。太陽は地平線のすぐ上に浮かんでいる。ぼくはホンダ・シビックの窓をおろし、サンルーフを押しあけた。スピーカーからはピクシーズが歌う《ウェア・イズ・マイ・マインド》の哀しげなサウンドが流れ出ている。ぼくのガールフレンドのカーリーへアが風に吹かれてめちゃくちゃに踊りはじめた。ぼくの右手は彼女の手とももののあいだに挟まれている。ぼくは彼女を見つめる。彼女もぼくを見つめる。彼女は微笑み、頭をぼくの肩にのせる。グーッと感情が盛り上がってきて、ぼくの胸は喜びで高鳴った。〈これだよ〉とぼくは自分に言い聞かせる。〈これがラブだ。ぼくは恋しているんだ。こういう気分をいつまでも味わっていたい！〉

不意に、笑うカーリーへアの子供の映像が脳裏に浮かんだ。ぼくたちの子供。結婚して子供をもうけたぼくたちの姿も見えた。ぼくは運命の妙にも思いを馳せた——いったいぜんたい、こんなにきらきらと光り輝く華麗な生き物が、なぜ何年ものあいだぼくに知られることなくこの地球上を歩きまわれたのだろう？　こんな極上の美人が、ぼくみたいな男を好きになるなんて、とてもじゃないけどありえない！　でも、それがありえたのだ！
ところが2年後、きみとはもういっしょにいたくないと、ぼくは彼女に告げる。むろん、彼女は相変わらずきれいで、光り輝き、驚くほど華麗だったが、まだよく知らないぶんミステリアスで新鮮な他の女性よりも魅力的とはもう思えなかった。要するに、彼女との生活が刺激のない単調なものになってしまったのだ。彼女がそばにいても、もう幸福感に満たされることはない。いくら努力しても、あの目がくらむような陶酔感はもう味わえない。そこで、ぼくは彼女に言った。「悪いけど、きみに恋しているような気分にはもうなれないんだ」

自分自身の経験、それに独身、既婚、バツ一とバラエティに富む友人たちの経験から、ぼくは生涯にわたる恋愛なんておとぎ話にすぎないのではないかと思いはじめていた。だから、当然ながら、40年、50年、いや60年ものあいだ結婚しつづけている元気いっぱいのカップルから、何よりも聞き出したかったのは、そんなに長いあいだ愛し合っていられる秘密だった。そういう夫婦なら、きっとトーマス牧師よりはくわしい話を聞かせてくれるにちがいない。だって、トーマス牧師ときたら、もっとくわしい説明を求めても、ただ首を振り、にやにや笑ってぼくを見ているだけだったのだ。

どの夫婦もやさしく、思いやりがあり、至らないぼくたちにも辛抱強く接してくれ、クッキーをふるまってくれる人たちもたくさんいた。ところが、実際にインタビューを進めると、彼らはただじっと座っているだけで、ぼくは失望を覚えずにいられず、意気込んでいたぶん、大いにがっかりした。ふつふつとわき上がる愛は？ 目がくらむほどの陶酔感は？ 愛し合うがゆえのベタベタぶりは？ ほとんどないのである。みなさん、ほんとうのラブがどういうものかご存じないのでは、と最初は思ってしまったほどだ。

「あのふたり、まだ愛し合っていると思う？」インタビューを終えるごとに、ぼくはマットに訊いた。

「それって、ほんとうに訊いているわけ？ それとも、そうとしか思えないということ？」マットは答えた。「もちろん、あのふたりは愛し合っているさ」

「ほとんど見つめ合わなかったじゃない。目を合わせたのは、せいぜい10回かな。それだって、ちらっと見たくらいだぞ。ぼくには愛し合っているとはとても思えないな」

「それはどうかな。首が関節炎でまわらないのかもしれないじゃないか」

「じゃあ、唇も関節炎になっているにちがいない。だって、あのふたりはキツツキみたいなキスしかしなかったからね」

「夫が妻のためにクッションをふっくらさせていたのを見なかったのかい？　ふたりはずっと手をにぎっていたしね。それに、まるでおもしろくない夫のノック・ノック・ジョーク（だじゃれジョーク）に妻がさもおかしそうに笑い声をあげていたじゃないか。気づかなかった？　あのふたりは、いまだに心が通じているんだ。幸せなんだよ。それがラブじゃないか」

「そんなの、ラブじゃない。習慣の力というのかもしれないし、まあ、それが結婚なのかもしれないけど――ラブじゃない」

絶対に違う、とぼくは心のなかで言い張った。ぼくは自分をこうした問題に関する最高の判定者だと確信していた。そう、ぼくは、何カ月にもわたる真剣な恋愛を経験した〝ラブの専門家〟で、ことこの問題に関しては、思慮深い、賢明な判定を下せる頼りになる男なのだ。「いや、ぼくはラブがどういうものか知っている。あれはラブじゃない」

そのときのぼくにとって、ラブはハロウィーンの衣装のようなものだった。つまり、クロゼットに一年中しまい込んでいる赤いパンダ・スーツ。一年にひと晩だけ、ぼくはその衣装を着て、まったくの別人に変身し、ワイルドでクレイジーな行動をとり、頭をくらくらさせるのだ……。そして、夜が終わると、その衣装を再びクロゼットにほうり込み、364日間、忘れてしまう。

当然ながら、そんなラブは何十年も結婚を続けてきたカップルには受け入れられなかった。何百組もの夫婦に「それは違う」と言われると、さすがのぼくも、もしかしたら自分のラブの定義にも欠点があるのかもしれないと思いはじめた。ぼくは想像してみようとした――理解不能なところもちょっとある危うい熱狂的な恋愛を40年以上も続けるということを。そういうラブは、赤いパンダ・スーツを着てはじめてできるもので、結局は人を暗闇のなかに置き去りにする。暗闇に捕まったらもう、どちらへ進めばいいのかわからない。

それでは、やはり……まずいのではないか。

「きみはラブを単なる感情と考えているようだね」何人もの〈マリッジ・マスター〉がぼくにそう言った。〈ええ、まあ……〉とぼくは思った。**感情は変わるという点を考慮していないことが、ぼくのラブの定義のまずいところだと、彼らは指摘した。**感情ほど変わりやすいものはない。それがいつのことであろうと、締め切りや、道路の込み具合や、天気や、キッチン・テーブルの上にできた請求書の山だけで、あらゆることに関する感情が変わってしまうことがある。時間もまた感情を変える。子供のころ、ぼくはブロッコリーが嫌いだった。でも、いまは裏庭にブロッコリーのなる木を植えたいくらい大好きだ。ラブを感情だとする定義の問題点は、関係の初期の段階を支配するとてつもなく激しい情熱に目を奪われてしまうという点だと、〈マリッジ・マスター〉たちはぼくに言った。初期の段階では、相手の言うことはすべて気がきいていてすばらしく、彼女の声を聞いただけで、のぼせあがった主人公が通りを走って突然歌いだすという昔のミュージカル映画の魅力が理解できるようになる。永遠にそういう気持ちでいたいと思う。だが、結婚はアドレナリンによって動くものではない。

〈マリッジ・マスター〉たちによると、この夢中になって舞い上がっている段階は長くは続かないが、その終了時点に重大な岐路が訪れる。目もくらまんばかりの強烈な情熱がなくなったことで、ただがっかりし、すべて過去のこととあきらめる、というのがひとつの路であり、心臓がドキドキいわなくなっても、相変わらず心は満たされているということに気づくというのが、もうひとつの路だ。

●愛の段階

結婚歴50年というデイヴィッドとシーラのエプスタイン夫妻にインタビューしたとき、

ふたりは途中で自分たちの書いた《結婚の技術《ジ・アート・オブ・エンゲージメント》》という本を引っぱりだし、そこに書かれている愛の段階を説明してくれた。最初のふたつはぼくもよく知っているものだった。**第一段階は錯覚・幻想**（ぼくはこれが大好き）。**第二段階は覚醒・幻滅**で、ぼくがガールフレンドの欠点に気づきはじめ、薄れていく彼女の愛情にいらだち、ふたりのことより自分のことだけを考えるようになる段階。

　エプスタイン夫妻によると、驚くべきことに、愛し合うカップルのほぼすべてが、これらふたつの段階を通過するのだという。しかし、**第三段階に達するには、**努力がもっと必要になる――**決意が必要になる**のだ。ラブが単なる感情ではないということに気づくのはそのときである。愛とは、なにがなんでも愛を実践しようと決心することなのだ。連れ合いに与えようと、相手の欲求を最優先しようと、決心することなのである。

　ぼくみたいに、恋に恋するというか、夢中になることに夢中になる者にとって、この第三の段階がとてつもなく重要になる。このラブの三段階説を聞いて、ぼくが女性との関係をうまく続けられなくなるのは、ただ単にあの天にも昇る陶酔感が消えるせいだけではないということを、ようやく理解できるようになった。

グレッグとマーリンのリンカーン夫妻は、結婚して42年になる。ぼくはグレッグを立派だと思う。妻を愛せなくなったことが一度あると認める勇気をもっているところがとくにすばらしい。ともかく一時期グレッグは、妻への愛を失ったと思い込んでいた。結婚20年目くらいのときだったという。グレッグはある日、うんざりしている自分に気づく。妻の姿を見ても、もう心はときめかない。妻は練り歯磨きのチューブのふたを絶対に閉めず、それがいやでたまらない。朝あわただしく仕事に出かける際、ときどき〝行ってきます〟のキスを忘れるようにもなった。朝キスをしないで会社に出かけるくらいなら死んだほうがましだと、ハネムーンで宣言したにもかかわらず。さらに悪いことに、キスを忘れて出かけても、さほど気にならなくなった。グレッグは、結婚式で自分がいつまでも慈しむと誓った女を見つめ、うろたえた。〈おれはいったいどうしたというのだ？　おれはまちがった女を選んでしまったのか？　なぜこの女をもう愛せないんだ？〉

この話には100パーセント共感できた。ぼくは椅子からはじけるように立って、グレッグをぎゅっとハグし、同類のきずなを発見したことを祝いたかった。〈これは恋をするたびにぼくがおちいるバカバカしい泥沼と同じだ！〉だが、グレッグは、ぼくとは違い、そのまま結婚生活を続ける道を選んだ。そうやって、引いた潮が戻ってくるのを待ったのだ。「2カ月後、目を覚ますと――」彼は言った。「突然、感情がほとばしり出たんだ。まるで自分の愛が美しい花となって、再び開花しはじめたかのようだった。妻への気持ちがわずかのあいだ消えてしまったからといって、さじを投げなくて、ほんとうによかったよ。いまはもう妻のいない生活なんて考えられない――妻を大いに慈しんでいる。いまは妻がすべてさ」グレッグは結婚生活における愛の干満を指摘した最初の〈マリッジ・マスター〉だった。そのあと、ぼくたちはたくさんの夫婦から同じ指摘を受けた。愛の引き潮そのものについては、学びたくてわくわくするということはなかったが、引き潮は終わりではないということを知って、とても元気が出た。愛は再び満ちるのである。〈マリッジ・マスター〉たちが教えてくれた愛の秘訣は、愛していると思えなくなったときでも愛しつづけなさい、というものだった。**行動によって感情がわきあがってくる**のである。

〈これほど長いあいだ愛し合える秘訣は何ですか?〉この質問をぼくたちは何度も何度も繰り返した。結婚歴57年のミムとシャーマンのアンデルスン夫妻の答えも、ぼくのお気に入りのひとつだ。「まずはじめに、愛とは何かを定義しないといけないわね」とミムは答えた。

ぼくは恋愛をハロウィーンの衣装になぞらえる自説を披露したくてしかたなくなったが、このときだけはなんとか我慢して口をつぐみ、耳をかたむけた。

シャーマンが妻を見やった。たぶん、先に話していいのかどうか確認したのだろう。それから彼はマットとぼくに視線を戻した。「ではわたしから、愛が自分にとってどういうものか話すとしよう。何か美しいものを見たとき、それをひとりで見たとき、最初に思うのは『ミムもここにいたらなあ』ということなんだ。ひとりで見たのでは美しくないんだ、どんなものでもね。だれかといっしょに見て、はじめて美しくなるんだ。そして、そのだれかがミムだったら、とてつもなく美しくなる。美しい絵、美しい浜辺、コーヒーを飲む静かなひととき――大学の学生会館でミムとよくコーヒーを飲んだが、あの午後のひとときは忘れられないなあ――」

「わたしもよ!」ミムが割り込んだ。「ただ、あなたはいつも新聞を買い、目の前にわたしがいるのにスポーツ欄を読んでいたわ。それがわたしは気に入らなかった」

妻に割り込まれ、ひと言文句を言われたシャーマンのリアクションは、ぼくには忘れられないものになった。微笑んだだけだったのだ。彼は再び妻を見やり、続けた。「愛は消え失せはしない。解決すべき問題や諍《いさか》いで、よく見えなくなることもあるが、そうした障害がとりのぞかれれば、愛が相変わらず存在していたことがわかるんだ。だから、〝**もう愛せなくなってしまう**〟**という恐れは、根拠のない恐れなんだ**。わたしは一度だって妻を愛せなくなったことなんてないよ。妻への愛はどんどんよくなっていくだけだね。衰えることは決してない。よくなるだけ」

アンデルスン夫妻の話を聞くことは、ぼくにとっては、マットが祖父母の愛を感じとって〝これこそぼくが望む結婚だ〟と気づいた瞬間にいちばん近い体験だったかもしれない。ミムとシャーマンは単なる終生の夫婦ではない——ふたりは終生の恋人同士なのだ。生涯にわたって続く愛は、頭がくらくらするような陶酔感や情熱的なキスではなく、シャーマンが浮かべるような寛容で忍耐強いやさしい微笑みなのだと、ぼくもようやく気がついた。**終生続く愛は、そばにずっと居つづけてくれた特別な人とともに味わってはじめて美しくなるひとときを、その愛する人とともに見つけ、いっしょに楽しむということなのである**。

ぼくもわが妻にそうしたひとときをGIVEしたい（与えたい）。

犠牲？　それとも奉仕？
――ジェリーとパッティー◎ヘンピーニアス夫妻（結婚歴51年）

パッティー・ヘンピーニアスは、HMO、PPO、POS（いずれもアメリカの民間健康保険）それぞれのメリット、デメリットをしっかり把握している。大脳の4つの葉の名前も位置も機能も知っている。カニューレや検鏡や最新式の心電計の使い方も知っている。4歳児をなだめて採血させる術も心得ている。3人の医師の手書きの文字を判読することさえできる。しかし、根ごと雑草を引き抜くにはどうすればいいのか？　いま、それが6万4千ドルの問題（《64000ドル・クイズショー》の最後の難問）だった。

「なんで……あんたは……こんなに……抜けて……くれないの……アッ！」彼女は悲鳴をあげ、仰向けに倒れないよう、なんとか踏ん張った。きつくにぎった拳のなかには、ちぎれた茎しかなかった。

1976年1月のことで、新年とともにパッティーはいくつもの難問を抱え込まざるをえなくなってしまった。このあくまで抵抗しようとするいまいましい雑草どもも、そのひとつだった。パッティーは、《ヴィリジャー・モーテル》の駐車場の端に沿って伸びる、ちぎられた葉がつくる緑色の道に目をやり、雑草に窒息させられていた花壇を救おうとする自分の試みが失敗に終わった跡をじっと見つめた。モロ・ベイと書かれた暗い青緑色のトレーナーのそでで、目に入ろうとする汗をぬぐうと、彼女はまたしても新しい雑草に襲いかかった。今度は、まわりの土を掘り、茎の根元をつかんで、ゆっくりと引っぱる。抜けた、根っこごと、きれいに。

パッティーは、夫といっしょに新しい仕事を始めることを、病院の仕事仲間に打ち明けたときのことを思い出した。医師たちは半分おもしろがり、半分がっかりして、首を振った。「看護婦は病院《ホスピタル》の仕事をするもので、もてなし《ホスピタリティ》の仕事なんかするものじゃないよ」と言った医師もいた。看護婦と患者はみな、言い方はさまざまだったけれど、「ほんとうに正しい選択をしたと確信しているの？」という同じ質問を繰り返した。彼らの表情を思い出しただけで、パッティーの決意はさらに一段と強固になった。

「負けてなるものですか」彼女は声に出して自分を鼓舞した。

パッティーは、どんなに困難なことでも、一度やると決めたことは最後までやりとおし、途中であきらめたことは一度もなかった。自分は世界一の看護婦になるのだと、早い時期から心に決めていて、高校を卒業するまでに、トップクラスの看護学部のある大学数校から入学許可をもらっていた。不屈の精神によって、これまでの人生で望んだものはほぼすべて手に入れることができた。

パッティーの男性版と言ってもよいほど意志の強い男がこの世にいるとしたら、それは彼女が入学する大学を決めようと南カリフォルニアの各校をチェックしてまわっているあいだに出会った男だろう。

キャンパスめぐりの長い1週間のあと、パッティーと彼女の女友だちは湖畔で行われる《キャンパス・クルーセイド》（キリスト教宣教団体）のバーベキュー・パーティーへの誘いを受け、大喜びで出かけていった。季節は初夏で、大学生たちは暖かい陽光を浴びて大胆になり、草の上で浮かれ騒ぎ、笑い、たわむれた。パッティーと女友だちはパーティーの中心となり、いくつも広げられたピクニック用のブランケットを次々にめぐって、さまざまな人と会った。ところが、パッティーがどこへ行っても、振り向くたびに、にこにこ笑うジェリーという名の男子学生がいた。

その日の午後遅く、ふたりは小さなモーターボートに乗った。ジェリーはパッティーのそばに座り、そっと手を動かして、こっそり彼女の肩に腕をかけようとした。パッティーは反射的に湖の水をジェリーの顔にひっかけた。彼女にはボーイフレンドがいた。その彼は数百マイル離れたところに住んでいて、何をしても見つかる心配はなかったが、パッティーはこのにこにこ笑う青年の顔に冷たい水をひっかけることで、意図したメッセージを確実に伝えた――〈わたしはね、ふしだらな女じゃないの〉。

だが、ジェリーはその夜、家に帰って、未来の妻を見つけたと母親に告げる。「どうやればいいのかまだわからないけど、マム、ぼくは絶対にその女の子と結婚するよ」

ジェリーは教会の信徒席を埋める多数の参列者の前に立ち、これから《主の祈り》を歌おうとしていた。彼は歌に関しては天使のようなテノールで大学の学費を免除されたほどの実力の持ち主で、これほど多数の聴衆を前に歌うのにも慣れているベテランだった。だが、この日、生まれてはじめて――《主の祈り》は子供のころから1万回は歌ってきたはずなのに――頭が真っ白になっていて、言葉がひとつも浮かんでこなかった。花嫁のパッティーが彼の手をとってやさしく微笑み、ささやいた。「天にましますわれらの父よ」ジェリーはその言葉を厳かに美しく歌いあげた。そしてまたパッティーに目をやり、助けを求めた。再び彼女がささやく。「願わくは御名《みな》の尊《とうと》まれんことを」こうやって、ふたりは一行一行、ささやき、歌って、《主の祈り》をいっしょに終えた。信徒席のだれもが目をうるませていた。牧師も「これ以上に美しい結婚式の始め方はありえないと思います」と言って、ふたりの結婚を宣した。

こうして、世にもまれな強力なチームが誕生した。

●ギブとテイクは釣り合うか

そしていま、パッティーはモーテルの駐車場にいる。ここのところ、古いトレーナーでもおしゃれすぎると思える仕事もやらなければならない日がある。２１１号室のことを思い出すだけで、彼女はいまだにぞっとする。先日、パッティーは２１１号室のドアをたたき、「お部屋のお掃除です！」と告げた。応えがなく、ドアをあけた……そして凍りついた。食べかけのチーズバーガーとフライドポテトが床一面に散らばり、アラーム機能つきラジオがデヴィッド・ボウイの《スペース・オディティ》を大音量で響かせ、シーツが丸められて、水が半分ほど入っているバスタブのなかに突っ込まれていたのだ――なぜそんなことになっているのか、彼女は知りたくもなかったし、それを洗いたくもなかった。

「わたしはなんでこんなところにいるのかしら？」とパッティーは自問せざるをえなかっ

た。

パッティーは、ある私立病院の循環器科をあずかる、だれからも尊敬される婦長だった。6人の常勤看護婦、7500人の患者、3人の高給・高学歴・高能力の医師を、彼女は巧みに動かして、病院での医療をスムーズに進行させていた。パッティーは仕事仲間が大好きだった。そこでの仕事は、まさに夢の実現だった。211号室の悪夢を経験したあとは、なおさらそう思える。現在の彼女の仕事は、チェックイン・チェックアウト業務、苦情の出た騒音への対策、テレビの修理、洗濯、草取り、消毒剤の散布、オーナー経営者としての職務……。大変な仕事であることは最初からわかっていた。それを承知でやると決めたのだ――報酬はよく、自己犠牲に見合うようにも思えた。それでも、つい恨めしく思ってしまう。〈わたしがひざまずいて便器をゴシゴシこすっているときに、ジェリーはそんな苦労とは無縁の〝象牙の塔〟にいて、豪華な机の後ろの安楽な椅子におさまっているのだ〉と思わずにいられなくなる。

わたしがこんなに自分を犠牲にして働いていることを、このわたしの自己犠牲のプレゼントを、ジェリーはちゃんと理解してくれているのかしら、とパッティーは思う。深々と溜息をついて、彼女は手術用のマスクをつけて口と鼻をおおい、ゴム手袋をはめる。そして、

〈わたしは夫を愛しているのだ、わたしは夫を愛しているのだ、わたしは夫を愛しているのだ〉と、呪文を唱えるかのようにつぶやいた。

意欲という点では、ジェリーもパッティーに負けてはいなかった。彼は7歳のときにはもう、ニワトリ飼育ビジネスを始め、大成功をおさめている。ヒヨコを買い、エサを与えて育て、つぶして羽をむしり、市場で売って利益をあげたのである。8歳になると、今度は副業として農産物ビジネスを開始し、すぐにご近所史上最高の野菜販売者となった。そして、稼いだ金で服やゲームやバイク、さらに犬まで買ってしまった。自分の起こした仕事が繁盛すればするほど、彼はますますやる気を出した。こうしてできあがった起業家精神が、その後の人生を決定づけることになった。

大学では流通を専攻して学士号をとり、大手のデパートに就職して、またたくまに販売員から支店長に出世してしまった。昇進が続いているうちは、本人もいい気分で、家族にいい暮らしをさせられて満足だったが、会社から地域担当販売部長への次なる昇進を提案されると、自分でそう思い込んだだけなのかもしれないが、これで頭打ちだなと考えてしまう。それに、地域担当販売部長というのはたえず出張をしていなければならないポストで、その昇進を受け入れれば、ただでさえ少なすぎると思っている妻子との時間がさらに少なくなる。そのうえ、これまで自分の知力と想像力と才能と20年分のエネルギーを、他人《ひと》のビジネスの夢を実現するために費やしてきたのだと思うと、むかむかしてくる。20年間、出世競争のために抑え込まれていたジェリーの起業家精神が、ついに悲鳴をあげ、復活させてくれと叫びはじめたのだ。しかし、自分に何ができるというのか？　むろん、ニワトリ飼育ビジネスなどでは子供たちを大学にやることはできない。

ある夜、ジェリーがドアをバーンとあけてキッチンに入ってきた。「これはいけるぞ、パッティー！」彼は大声をあげた。あまりにも熱のこもった声だったので、パッティーはつい油断してしまった。それに、ジェリーの顔には、こちらもつられて微笑みたくなるようなあの光り輝く笑みが浮かんでいた！　パッティーはそういう夫の生気あふれるにこにこ顔を……もう、そう、かなり長いあいだ見ていなかった。

「ふたりでホテルを経営するというのはどうだ⁉」ジェリーは続けた。

パッティーは何て答えていいのかわからなかった。「うーん、どうなのかしら、わからないわ、ジェリー」

ジェリーは時速１００万マイルのスピードでこの妙案の詳細をまくしたてた。友人の公認会計士。ぼくの知る最高に賢い男。ホテルを買った。彼がこれまでにやった最高のビジネス活動。きみとぼく。とても幸せ。

パッティーはもぞもぞ足を動かした。夫にこの笑顔を見せられると、むげに突っぱねるわけにはいかない。彼女は最近の夫の不幸せぶりを考えた。朝、ふつう自分は早く病院へ行きたいので、急いで子供たちを学校へ送り出すのだが、夫はデパートで働くのがとてもいやらしく、なんだかいつも重い足どりで歩きまわり、ぐずぐずしている。また、自分は出かけるときよりも帰ったときのほうが気分はいいが、ジェリーは家にたどり着いたとき、もういやだ、早く生活を変えたいという表情をしている。パッティーはなんとか夫を助けたいと思い、自分にできる何か——大望を実現しようとする意欲をジェリーにとりもどさせる何か——を探しつづけていたが、いま夫が言い出したことは彼女が頭に思い描いていたその〝何か〟では絶対になかった。

「そうねえ……うーん、わたしにはわからないわ」パッティーは言葉をにごした。

ジェリーは妻をぎゅっと抱きしめた。自分の提案を拒否せずに、考えてみるという姿勢を示してくれたパッティーにとりあえず感謝したのだ。

2、3カ月後、ふたりはパッティーの両親の引っ越しを手伝うため、カリフォルニア州中部の海沿いにある、絵のように美しい小さな漁村を訪れた。汚れなき海岸を見晴らす家族経営のカフェがあり、地元の人々は親切で愛想がよく、足を止めておしゃべりに付き合ってくれる。ジェリーとパッティーはそのどこまでも平和な雰囲気に魅せられ、たちまちモロ・ベイに恋をしてしまった。ふと思いついて、ジェリーは不動産のブローカーを1人雇い、その地域でホテル業ができる建物を探させた。22部屋しかない小さな二階建てのモーテルが見つかったとき、ジェリーとパッティーは、どうせはねつけられるに決まっていると思いつつ、極端に低い値をつけてみた。

と、24時間以内に、その値でいいという返事がきた――〈38万5千ドルで《ヴィリジャー・モーテル》はあなたのものです〉。

「やったあ！」ジェリーは狂喜して言った。

〈まずい！〉パッティーはびっくりして思った。

この冒険的事業に同調するということは――たとえそれが譲歩という形でも――結局は自分の生活をも変えざるをえなくなる、とパッティーにはわかっていた。だが、それがもうやってきたのだ！　リスクがありすぎる！　疑問がありすぎる！　38万5千ドル？　そんな大金をどこで工面するの？

家を売る？　わたしはいまの家が大好きだ！　ジャグジー・ウォーターフォールつきの特別注文ギリシャ風プールはどうするの？　つくったばかりじゃないの！　モーテルに住み込まなければならないわけ？　モーテルのことなんて、わたしたち何にも知らないじゃない！　失敗したらどうするの？　そして、いちばん恐ろしい最大の疑問——わたしのキャリアはどうなるの？　わたしは看護婦という仕事が大好きなの！

ジェリーはお金に関するパッティーの不安をやわらげた。モーテルの経営に成功したらどれだけ儲かるか、しっかり説明し、妻を納得させたのだ。パッティーは夫のビジネス能力を少しも疑わなかった。しかし、仕事をただちにやめてモロ・ベイへ移り住み、先にひとりで仕事をしていてくれないか、と言われたときには、いささか異議を唱えた。

「なんでわたしが最初に行かなければいけないの？」と彼女は言い返した。「だって、これはあなたのアイディアじゃないの！」

「それはそうなんだけど、いまぼくが移ってしまうと、1月のボーナスがもらえなくなってしまうんだよ」ジェリーは嘆願した。

確かにそうだ。ジェリーのボーナスはヘンピーニアス家にとって大金だった。「でも、わたしはモーテル経営のＡＢＣも知らないのよ」パッティーはくい下がった。「起業家はあなたのほうじゃない」

「だからさ、ビジネスに関することは全部、電話で教えるよ」ジェリーも引かない。「それに、きみは20年間も病院の婦長をしていたじゃないか――部屋を清潔に保つとか客へのサービスはお手のものじゃないか」

うーん、これも言えてるわ、とパッティーは思った。「でも、わたしの循環器科はどうなるの？ ドクターたちは？ 看護婦たちは？ あの人たちをこんなふうに見捨てられないわ。わたしの穴を埋めるのに、２人、いや、もっと看護婦が必要になるわ！ 循環器科は自滅してしまう！ こんなことしたら、頭がいかれてしまったんだと思われちゃう！」

彼女はなおも抵抗した。「わたしのほうだって、あの人たちと別れるのは寂しいわ」

パッティーとジェリーは、広々とした家のキッチンのテーブルを挟んで向かい合い、ちょうど4時間テレビ討論会終了まぎわの大統領候補同士のように、いらだちと疲れ切った表情をあらわにしてにらみ合った。どちらも簡単な解決策を見いだせなかったし、新たに言うべき言葉も見つけられなかった。それは、深く愛し合っているものの、それぞれ自分の大望の実現をあくまでも追求して絶対に妥協しないという、夫と妻とのあいだの膠着《こうちゃく》状態だった。

ジェリーがポケットに手をつっ込んで、25セント硬貨を1枚とりだした。パッティーを見つめて同意を求める。彼女は呆然として夫を見つめ返した。負けたらやらなければならないことが、キーキー不快な音をあげながら群れ飛ぶコウモリのように頭のなかをすさまじい勢いで飛びまわりはじめた。パッティーはなんとか考えをまとめようとした。いまやるべきことは何なのか、懸命に考えようとした。そして、結局こう思った。〈わたしにとって、夫は自分のキャリアより大切だ。夫には幸せになってほしい。わたしは夫を愛しているのだ〉

パッティーはジェリーを見つめたままうなずいた。「表」

ジェリーがコインを投げる。裏。

パッティーは自分がつくれる最高の笑みをなんとか浮かべ、夫を抱きしめた。そして、その夜のうちに医師たちに電話し、「モロ・ベイに移り住んでモーテルを経営することになりました」と告げた。医師たちは、はじめ冗談だと思い、次いで彼女は頭がおかしくなったのだと思った。〝それは当たらずといえども遠からず〟だったが、どんなにむずかしくても、苦々しく思いながら行動するのだけはやめようと決心した。ともかく、わたしはこれまで、やると決めたことを途中で投げ出したことは一度だってないのだ、とパッティーは花壇の横にひざまずきながら自分に思い出させた。

数カ月後、パッティーが《ヴィリジャー・モーテル》の洗濯室で折りたたんだばかりのシーツの山を満足げに眺めていると、ジェリーが駐車場に車を乗り入れ、クラクションを鳴らした。彼は満面に笑みを浮かべて手を振った。すでに6月になっていた。春のあいだはずっと、1週間おきの週末に訪れて妻の仕事を手伝っていたが、いまやっと家が売れて、ついに夢の事業に全時間を投入できるようになり、ジェリーは最高に幸せな気分だった。チームメイトのさよならホームランに大喜びして歓声をあげるリトルリーガーのように、走っていって妻を荒っぽくぎゅっと抱きしめ、叫んだ。「いやあ、すばらしいモーテルだよ!」ジェリーはパッティーの肩に腕をまわし、妻がここ3カ月のあいだに成し遂げた改善を見せてもらった。花壇に雑草は一本も生えていなかったし、メイドが酔っ払ったまま来るということもなくなっていた。客室利用率は上昇中で、客からの苦情はほぼゼロ。そして、山積みになった名刺は全部、問い合わせてきた投資家のものだという。

パッティーは、ある夜遅くフロントにあらわれた20人のヘルズ・エンジェルズ(有名な暴走族)のことも話した。「わたしはこう言ったの。『いいこと、紳士のみなさん、ここには規則がありますからね――飲酒、パーティー、室内での喫煙、喧嘩、バカ騒ぎ、いっさいだめ！　部屋にバイクを入れるのも絶対だめですからね！』」

「ええっ」ジェリーはたじろいだ。「で、連中、どうした？」

「紳士のようにふるまったわ」パッティーは答えた。「そして、出ていくとき、『とても快適だった』と礼まで言ってくれたわ」

ジェリーは熱い視線を妻に投げた。誇らしげに妻を見つめるその目のなかに、若いころの炎が燃えていた。パッティーも、自分が勝ち取った成功が誇らしくなって、にっこり笑って顔を輝かせたが、世界一愛する夫のために自分が捧げた犠牲のほうがもっと誇らしかった。夫は100回は感謝してくれてもいい――いや、きっとしてくれる――とパッティーは思ったが、そんな感謝より、ジェリーという名のにこにこ笑う若者が帰ってきてくれたことのほうが何倍も嬉しかった。

結婚して51年になるヘンピーニアス夫妻は、9つのモーテルを成功させ、結局そのすべてを売ってしまった。いまは、いつもどこかへ出かけて休暇を楽しんでいるという状態だが、新しいことにチャレンジするために隠居生活を中断することもよくあるという。インタビューの日は、週単位で借りられる海辺のタイムシェア別荘のバルコニーでゆったりくつろいでいて、パッティーがいろんなことを言って、プールのほうが好きなジェリーを浜まで連れ出そうとした。ジェリーは楽しそうに妻の言葉に耳をかたむけ、同意した。

「結婚は要するにギブ・アンド・テイクだね」とジェリーが言う。

「まさにそうなの」パッティーも同意見で、こう説明する。「**わたしが90パーセント与えて10パーセントしかもらえないと思えたときも何度かあったけど、ジェリーのほうだってときにはわたしに同じようなことをしていたわけ**。それが愛なの――ふたりの結婚のために無償の奉仕をするの」

「生涯いっしょに暮らしているうちに、ギブとテイクはすべて均《なら》され、とんとんになるんだ。わたしらは最高のチームなのさ。結婚した当初からね」

「すばらしい冒険だったわ」とパッティーが言い、手を伸ばしてジェリーの手をにぎる。

「こういうやり方を変える気はまったくないわ」

究極のメモ・ゲーム

――ダークとルーシー◎ダークスン夫妻（結婚歴58年）

最初のメモはダークの化粧ダンスの引出しに隠されていた。それは、気温が零度以下になったときにしか着ない厚手の濃いグレーのセーターと、着るとむずむずして痒くなる青いウールのセーターのあいだに挟まれていた。その毛羽立つ青いセーターは、ダークが絶対に着ないくせに、捨てようともしないものだ。実はダークは何も捨てない〝溜め込みネズミ〟で、それについてはルーシーがいくら文句を言っても聞き耳をもたない。

底冷えのする朝のことだった。10月になったばかりだというのに、ダークが仕事に出かける準備をしながら聴いていたニュース局の天気予報が、今日は初雪が降ると言っていた。彼がグレーのセーターを頭からかぶって着たとき、一方のそでのなかに押し込まれていた小さな紙片が床に落ちた。

〈古いレシートにちがいない〉と思い、ダークはかがみ込んで、折りたたまれた紙片を拾い上げた。ゴミ箱に投げ入れようとして、待てよ、と思った。〈レシートはふつうこんなふうにきちんと折りたたまれてはいないぞ?〉紙片を開いてみる。とまどいの表情が満面の笑みに変わった。そこには次のように書かれていたのだ。

〈愛《アイ・ラブ・ユー》しているわ〉

ルーシーのこぢんまりした丁寧な文字できちんと書かれている I love you の3語。朝食の用意をしながらラジオに合わせてハミングしているルーシーの歌声がキッチンから聞こえてきて、ダークの笑みはさらに大きくなった。

〈いったいルーシーはこれをいつ書いたのだろう?〉メモのしわを伸ばしながらダークは思った。あの引出しは春になってから一度もあけていない。暖かくなると、あの引出しの役目は終わり、夏のあいだこのセーターは〝お役ご免〟となる。とすると、ルーシーはこのメモを数カ月前に隠したのかもしれない。

むろん、ルーシーが愛してくれていることはダークも知っている――ふたりは毎日欠かさず「アイ・ラブ・ユー」と言い合っているのだ。しかし、そう書かれているのを見ると、なぜか喜びが一気に噴き上がる。ルーシーはきっと、びっくりさせてやろうとメモをセーターの引出しの奥に忍び込ませたとき、わくわくして、とても幸せな気分になれたにちがいない。これはすてきな《スイート》だけでなく――実にロマンチックなことではないか。

40年以上も結婚している夫婦にしては、なかなかやるものだ。

ダークはキッチンまで走っていって、ルーシーを抱き上げたい衝動に駆られたが、なんとか思いとどまった。キスをする時間はあとでいくらでもある。それよりも前にやるべきことがあるじゃないか。

ダークはベッドわきのナイトテーブルにのっているメモ帳に手を伸ばし、ペンをとった。〈いま、きみのことを思っている〉とメモ帳のいちばん上の紙に書くと、それをはがし、きちんと2度折って4分の1の大きさにした。

あとは、気のきいた隠し場所を見つけるだけでいい。

●永遠につづく愛

ダークとルーシーは1946年に出会った。ルーシーがダークというカリスマ的魅力のある若者をはじめて見たのは、女友だちと買い物に出かけて、その友人が知る青年グループとばったり会ったときのことだった。そのときは言葉ひとつ交わさず別れるが、1週間ほどして再会することになる。

街中での最初の出会いのとき、友だちが男グループのひとりと話しているあいだ、ルーシーはわきにのいて、ダークのほうを見つめないように懸命に努力していた。ダークのほうは、そんなことなどつゆ知らず、仲間とジョークを飛ばしたりふざけたりして大騒ぎだった。

ダークはとてつもなくハンサムであるばかりでなく、ユーモアも魅力も抜群にあって、ほんとうに愉快でステキな人だ、とルーシーは思った。だが、ルーシーが彼に話しかける勇気をふるい起こす前に、友だちがおしゃべりを終えてしまい、男たちは去っていってしまった。ルーシーはダークと知り合いになれなくてがっかりしたが、友だちには、今度また会ったらちゃんと紹介してあげるから心配しないで、と慰められた。

幸運なことに、ルーシーが待たなければならなかったのは数日だけだった。次の土曜の夜、ルーシーが同じ女友だちとボウリングへ行くと、隣のレーンにいたのは、だれあろう、ダークたちだったのである！

ルーシーは1週間ずっと夢見ていた青年と思いがけない再会をして、ひどく緊張してしまい、ガターを投げたりもしたが、最終的にはいつもよりもよい点数をどうにかとることができた。その夜ダークは、車でボウリング場から家までルーシーを送る途中、明日の晩デートをしてくれないかと申し込んだ。

ルーシーは「いいわ」と答えた。そして、2年後、今度は結婚を申し込まれ、再び「いいわ」と答える。

ルーシーはパイ生地作りにとりかかった。まず、切り取ったバターを小麦粉のなかに入れ、つまんでつぶしながらまぜはじめる。心は千々に乱れていたが、手はすばやく、正確に動いた。なにしろ、ダークと結婚してから50年間、感謝祭の日にはかならずパンプキンパイを焼いてきたのである。黄ばんでボロボロになり、カボチャのしみのついた索引カード上のレシピを見る必要さえなかった。

こんなの眠っていても作れるわ、と思いながら、ぼそぼそになった小麦粉とバターにスプーンで冷水を加え、こねてまぜる。いや、いまほんとうに眠っていて、目を覚ましたら、医師の診断は悪夢でしかなかったとわかる、ということになったら、どんなにかいいだろう。

ダークが肺線維症と診断されてしまったのだ。夢であってくれたらと一心に思う。だが、自分はいましっかり目覚めていて、この悪夢こそが現実なのだと、ルーシーにはわかっていた。

ダークは病気になってからというもの、いっそうルーシーの世話に頼るようになってしまった。妻はごく自然に、何のためらいもなく、喜んで夫の世話をした。しかし、活力にあふれていた夫がひとりで着替えができないほど衰弱してしまったのを見るのはつらかった。それに、あの喜びにあふれて楽しいはずのクリスマスも、もう楽しめなくなるかもしれない。

ルーシーは調理台の上に小麦粉を散らし、パイ生地を押しのばしはじめた。

ドライブもダークとルーシーの楽しみのひとつだった。ダークが自分の古いシヴォレーのクーペでルーシーをボウリング場から家まで送ったあの夜以来、ふたりにとってドライブがいちばんの楽しみになった。ふたりでフロントシートに乗り込み、近くの美しい町々を通り抜け、自分たちが住む田園地帯の畑や牧草地を突っ切り、道あるところどこへでも、冒険心に導かれるままに走りまわるのである。

ルーシーは運転を覚えなかったので、ダークがいつもハンドルをにぎり、彼女はもっぱらラジオの担当だった。飛び去っていく窓外の景色に目をやりながら、ルーシーはダークに寄り添い、指と指をからませ、頭を夫の肩にのせる。

ダークが仕事から戻ると、ふたりは毎晩のようにドライブに出かけたが、とりわけ楽しみにしていたのは、クリスマス中の夜のドライブだった。その時期、家やビルが色とりどりのお祝いの電飾でライトアップされるからだ。

〈今年はライトアップを見るのは無理かもしれないわね〉とルーシーは思いながら、パイ皿類が収納されている上の戸棚に手を伸ばした。〈あれが見られないとクリスマスの気がしないかもしれないわ〉

つま先立って、使いたいパイ皿をつかみ、もう一方の手でその上にのっている他の皿を押さえ、落ちないようにした。パイ皿を引っぱり出したとき、そのなかに押し込まれていた一枚の紙切れが、ひらひら落ちてきて、調理台にのっかった。

ルーシーは折りたたまれている紙切れをつまみ上げると、丁寧に小麦粉を払い落とし、開いた。

〈きみは美しい〉と書いてあった。ダーク独特の乱れた走り書き。

ルーシーは調理台にもたれかかった。それは心配事をすべて忘れさせてくれる至福のひとときだった。10年前に彼女がダークにはじめて愛のメモを書いて以来、ふたりはメモのやりとりを始め、短いけれど甘いメッセージを書いては思いがけない場所に隠すというゲームを続けてきた。

〈愛しているよ〉

〈きみを夢見ている〉

〈XOXO〉（キスとハグ）

相手がメモを見つけるのに1、2カ月かかることもあったが、ダークもルーシーも見つけたらかならずお返しのメモを書き、新しい隠し場所を見つけた。

たわいないゲームではあったが、それでもふたりは大きな喜びを感じた。半世紀にわたる結婚のあいだには、つらいこと——その最新で最たるものはダークの病気——に耐えなければならない時期もあったが、その50年間、ふたりは愛し合うことを決してやめなかった。**愛のメモは、ふたりの愛を思い出させる、ささやかだが目にはっきりと見える証拠だった。**このように自分の思いを意識的に書きしるして相手に伝えることで、ダークとルーシーは、ややもすると退屈な日常に堕《だ》しやすい結婚生活を活性化させることができたのである。

メモはふたりの愛に油をそそぎつづけた。少なくとも、この耐えがたい感謝祭の日、ルーシーに力を与えた。ダークの病気でどのような試練に直面しようとも、ふたりで絶対に乗り切るのだと、ルーシーは決意を新たにした。

ブルーのストライプのふきんで両手をぬぐうと、ルーシーはダークにあててメモを書いた。そして、場所を見つけてメモをしっかり隠すと、キッチンに戻り、クリスマス・キャロルをハミングしながらパイ生地を皿におさめた。

「おおっ！」ルーシーが寝室に入っていくと、ダークの目が輝いた。「わが天使がやってきた！」

ルーシーは微笑み、涙をなんとか隠した。最近やたらと涙があふれ出そうになる。

ダークの病状はクリスマス以来、悪化しつづけている。バイパス手術を3度も受けたのに、悪くなるばかりだ。もう家から出られない。ほとんど寝たきりの状態になってしまった。

ルーシーはベッドに入ってダークのそばに横たわると、体を密着させて両腕で夫の細い体を包み込み、甘えるようにしてキスをし、愛撫した。結婚してからというもの、ルーシーとダークはずっとこの姿勢で眠ってきた。寄り添い、抱き合って、眠るのだ。

違う時間にベッドに入る夫婦を、ルーシーもダークも理解できない。眠る前のひとときにキスをし、愛撫し合えるというのに、なぜそれを犠牲にしてまでテレビを観つづけようとするのか？　ダークが病気になってからも、彼が眠る時間にルーシーもベッドに入った。それが何時であろうと、まだぜんぜん眠たくなくても、ベッドに入った。いっしょになれる時間を、夫を抱きしめられる時間を、逃したくなかったのだ。

「わが天使」ダークは繰り返した。そして、さも満足げに息を吐き、寄り添う妻に応えて自分も静かに体を寄せた。「ずいぶん長いこといっしょにいたが、どうにかずっと愛し合えてこられたね」ダークは妻に言った。

ルーシーの目から涙がこぼれ落ちようとしたが、彼女は目をキッとさせて、涙を押しもどした。

「あなたはわたしが愛したただひとりの人」ルーシーは巻きつけた両腕に力を込めて夫を抱きしめた。「ただひとりの恋人」

ダークが息を引きとったのは、その3日後の2003年3月10日のことだった。

その夜もルーシーは、夫の後ろから腕をまわし、キスをしたり、さわったり、顔をなでたりして、50年以上も愛しつづけてきた男とのあらゆる瞬間、感触……どんな小さな思い出もひとつ残らず、記憶にとどめようとしていた。

そうやってふたりで横たわっているうちに、ダークの呼吸がゆるやかになり、どんどん弱まっていって、ついにはかすかに、かすかになって、止まった。

その瞬間、ルーシーの目から涙がとめどなくあふれ出た。ルーシーはそのまま15分間、泣きながらダークに寄り添い、どれほど愛していたかを夫に言いつづけた。

ルーシーはダークなしでどうやって生きていけばいいのかわからなかった。1日が1週間になり、ひと月になっても、ルーシーは寂しさに打ちのめされたままで、ひとりでどうやって生きていけばいいのかわからなかった。

6月のある朝、ルーシーは寝室で夏服用の引出しをものうげに掃除していた。それは中のものを全部取り出してする大掃除で、春のうちにやるのがふつうだったが、今年はそうする気力も出なかったのだ。

くしゃくしゃになったリネンのサンドレスを引っぱり出そうと、引出しの奥に手を突っ込んだとき、指にふれる紙片があった。ふるえる手で取り出す。そして見た。

紙片に、ふるえる文字で書かれていたのは2語。

〈love you〉（愛しているよ）

ダークが死ぬ前に力をふりしぼってルーシーのために隠した最後のメモ。それを見つめるルーシーの目が涙でうるんだ。だが、それはつらさや悲しさゆえの涙ではなく、長いあいだ味わわなかった喜びの涙だった。ダークとともに過ごした人生、分かち合った愛がもたらしてくれた喜び。そこからわき上がってくる涙。

〈love you〉

それは究極の愛のメモだった。これまでのすべてのメモと同じように、それはルーシーに力を与えた。ダークを失った悲しさ、寂しさは弱まりはしない。でも、わたしはひとりではないのだ、と彼女は悟った。**いまも自分はダークの愛に包まれている。**

その証拠がここにある。

ルーシーは最後の愛のメモを額に入れて、ダークがソファの上で自分を両腕で抱いてくれているお気に入りの写真の下においた。彼女は毎日その最後の〈love you〉を見つめ、永遠に続くふたりのラブ・ストーリーを思い出す。

「生涯愛し合うというのは自然なことなの」とルーシーは言う。「愛はごく自然にわたしのなかにあったし、夫のなかにもあったの」

そしてこう言い添えた。「**〝死がふたりを分かつまで〟というのは、わたしたちにはあてはまらないようね**」

8

結婚生活に悔いを残さないために大切なことは何ですか？

ラッセル・モーン（P307〜）

ジョーとミリー
◎ロージィヒ夫妻（P314〜）

●マットの気づき●

一緒に旅したグランマ・ドロシーが見つけたもの

「来年の今日、自分はどこにいると思う?」

マムが白いテーブルクロスの上にひじをついて、祖母からぼくに視線を移した。

「なんでも思いどおりになるとしたら」マムは続けた。「来年の今日、何をしていたい?」

「1年後? うーん……」ぼくはフライドポテトをケチャップにちょっとつけながら考えた。「高校で教えているんじゃないかな、ヒルズボロに住んで。でも、フリー・タイムはすべて、旅に使いたいね――コスタリカ、メキシコ、カーニバルを観にリオへも行ってみたい!」

マムは笑い声をあげ、ウエイトレスがコーヒーのお代わりをつげるように上体を起こして椅子の背にあずけた。そして、今度は祖母のほうを向いた。

「じゃあ、マムは?」

グランマは顔を下に向け、手つかずの自分の昼食をじっと見つめた。「わからない――わからない」首を振りながら、つぶやくように言った。

「さあ、グランマ！」ぼくはうながした。「制限はいっさいなし！　何でもできるとしたら——」

祖母は顔を上げた。その目が涙でいっぱいになっているのを見て、ぼくはドキッとした。「わたしは1年もこの世にいたくない！　そんなこと考えたくもない！」異様に大きな声だった。騒がしいレストランのなかでもびっくりするほどの。「わたしは死んでしまいたい！」

ぼくはフライドポテトを口に運ぶ途中で凍りついた。温かく愉快で楽天的なグランマ・ドロシーがこんなことを言うなんて、とても信じられなかった。夏にグランパ・ジャックを亡くしてからというもの、祖母がつらい思いをしていることはわかっていた。でも、ふたりは63年も幸せなときをいっしょに過ごせたのだ。グランマには生涯にわたる夫との思い出があるはずだ。それでも充分ではないというのか？

マムが手を伸ばしてグランマの腕においた。「どうしたの、マム？」

「きみをひとりには絶対にしないって、ジャックは言っていたの。約束したのよ、絶対にひとりにはしないって」グランマの声はふるえていた。「それ、嘘だったの！　だから腹が立って、腹が立って！　あれほど約束したのに！　よくもまあ破れたものだわ！」

グランマは自分の指に目を落とし、太い金の結婚指輪と、きらめくダイヤの婚約指輪をじっと見つめた。そして、小さな声で言い添えた。「いっしょに連れていってくれればよかったのに」

ぼくは胸がいっぱいになった。そんなこと言わないでよ、だって、ぼくたちはグランマにいてほしいし、いてもらわないと困るんだから、と言ってあげたかった。でも、何も言えなかった。マムも同じだった。

「このあいだイヤリングをつけたの」グランマは続けた。「でも、はずそうと思って右耳に手を伸ばしたら、なくなっていたの。わたし、声をあげて泣いてしまった。自分の半分がなくなってしまったような気がしてね」グランマはマムからぼくのほうへ視線を移した。そのグランマの目からいまにも涙があふれ出ようとしていた。「ジャックに死なれて、自分の半分が死んでしまったような気がする。でも、それを理解してくれる人はひとりもいないみたい。幸せな結婚生活をそんなに長く送れたのだから、悲しむことないじゃないの、とだれもが思っている。なんでそんなふうに考えられるのかしら？　長いあいだいっしょに暮らせたからといって、夫を亡くしたつらさがやわらぐわけではないのよ。わたしたちはね、互いに相手を中心にして自分たちの人生をつくりあげてきたの！」

ぼくは後ろめたくなって自分の皿に目を落とした。自分が考えていたことそのままをグランマに指摘されてしまったからだ。

「きみを永遠に愛する、とジャックはよく言っていた。たとえきみがあとに残されても愛しているからね、と」グランマは哀しげな笑みを浮かべ、さらに続けた。「結局、わたしがあとに残されてしまった。ジャックの計算では、もっと遅くなるはずだったのに」

ナプキンで目を押さえながら心を静めようとするグランマを見て、ぼくは知った。高齢者はあらゆる面で衰えている〝老いた人〟でしかない、と自分が決めつけてしまっていたことを。たぶん、ぼくの世代の多くの者もこの〈高齢者は〝老いた人〟である〉という単純な定義を採用しているのではないか。運動能力も聴覚も視覚も衰えているのだから感情だって衰えているにちがいないと、ぼくらは勝手に想像してしまっているのである。1年間の関係が壊れてしまったときの傷心なら、ぼくだってよく知っていた――そう、ラジオから流れてくる唄が全部、自分のために書かれたのだという気がしてくる。だが、85歳の人の傷心を歌った曲はひとつもない。だれもそんな曲を書こうとしない。〈なぜ書かないのだろう?〉と、グランマの悲しみを見た瞬間、ぼくは思いはじめていた。

●感嘆する心

この《プロジェクト・エバーラスティング（永遠の愛計画）》を進めるあいだに、自分の高齢者の定義は修正されるにちがいないと、ぼくは思っていた。しかし、全国に散らばる数百人の〈マリッジ・マスター（結婚の達人）〉たちにインタビューしてまわる1万2千マイルもの旅に出るジェイスンとぼくに、グランマが自分も加わると言いだしたとき、ぼくはいままで想像もできなかった祖母の一面を見ることができた。グランマはそもそもこの旅を計画するきっかけをつくってくれた人であったが、さらに、突如としてこのショーの主役にまでなってしまったのである。

86歳になる婦人が無作法なふたりの独身男とともにキャンピングカーに乗って全国をめぐるなんて、だれだって信じられやしない。ところが、なんと、グランマはジェイスンとぼくを合わせたよりもさらにエネルギッシュだったのだ。

毎朝ぼくらがよろよろとベッドからはい出すときにはもう、グランマはしっかり着替えをすませ、手にハンドバッグを持ち、いつでも新しい一日を始められる状態になっているのだ。グランマが太い腕でしてくれる心のこもったハグは、太陽の力をおびた天気雨のように爽やかで、エネルギーを与えてくれる。グランマの元気は伝染するのである。夜明けにだってグランマの微笑みは活力を放射してくれる。

ジェイスンとぼくが、数え切れないほどの細部や未解決の問題にこだわり、まるで頸《くび》を切り落とされたニワトリのように走りまわっているあいだ、グランマはつねに落ち着き、何が大事か見きわめ、そのときどきが与えてくれる最大限の収穫を得ようとする。

グランマはまた、キャンピングカーではうたた寝しようとしなかった。たとえ一日がかりのへとへとに疲れる車の旅をすることになっても、グランマはアカデミー賞を受賞したドキュメンタリー映画を観るかのように風景を楽しみ、何も見逃すまいと一瞬たりとも目をつぶらない。ぼくのほうがちょっと居眠りして目を覚ますと、グランマがワイオミングの平原と歩きまわるバッファローを満足げに眺めていた、なんていうこともあった。

さらに、グランマがいてくれることで、ぼくたちのインタビューは新たな力をもち、豊かなものになった。ビデオカメラを向けられて不安になり、うまくしゃべれなくなる夫婦もときにはいたが、そんなときはグランマがたちまち緊張をやわらげてしまい、もっとも内気な人々をも映画スター並みに話させてしまった。

グランマは、信頼できる思いやりのある友と慕われもした。ダラスでは、ある婦人に、夫がすぐに死ぬのではないかと心配だ、と打ち明けられた。グランマが夫の死にどう対処したのか、その婦人は知りたかったのである。

同じことがニューメキシコやコロラドでも繰り返された。ぼくたちが訪れた数カ所で同じことが起こったのだ。

「連れ合いを亡くす心の準備なんて、どう頑張ったってできやしないわ」ある夜、グランマはぼくたちに言った。ちょうど豪雨をともなう嵐のなか、オレゴンの海岸沿いに走っているときだった。「でも、これだけはわかったわ。それは――」

言葉が途中で切れた。

「ちょっと待って。いま、見せてあげる。車を止めて、外に出るの」

ぼくたちは頭がいかれてしまったのではないかと思いながらグランマを見つめた。なにしろ滝のように降る雨と強風がキャンピングカーを激しくたたいているのだ。海に目をやれば、海水が洗濯機の水のように泡立ち、荒れ狂っている。立ちのぼる霧のせいで、海と空の境目さえわからない。金をやると言われても、ぼくは車の外に出たくなかった……。

……でも、グランマにはだれも逆らえない。

「わたしはね、ずっと前から嵐の海辺に立ってみたいと思っていたの」グランマは言った。

「この機会を逃したら、もういつになるかわからないじゃないの」

グランマはぼくの腕をつかみ、ぼくたちは砂浜が始まる土手のほうへ足を引きずるようにして歩いていった。２００フィート先で波が砕け、逆巻いている。横なぐりの風に砂粒をたたきつけられ、首と顔が痛い。ぼくは前かがみになって背中を丸め、ふるえた。

〈嵐のなかに立つという目的は達した。よし。さあ、もう引きあげよう〉とぼくは思い、グランマを温かくて快適なキャンピングカーのほうへ戻らせようとした。

だが、グランマはぼくの手を振り払った。

「これを感じるのよ！」グランマは両腕をいっぱいに広げて叫んだ。「すばらしいじゃない！　わたしはね、これをあなたに見せたかったの！」

髪も服もずぶぬれなのに、グランマは最高に晴れやかな表情を浮かべ、光り輝いていた。子供のころはぼくも、大人が見逃してしまうような瞬間をとらえて、果てしない自然の驚異に感嘆したものだ。だが、いつしか、そうした感嘆する心を失ってしまった。どうやらグランマはその心を失わなかったようだ。

ぼくたちは黙って、砂浜に激突しては砕ける波の音に耳をかたむけた。しばらくして、グランマが満面にとてつもない笑みをたたえて、ぼくのほうを向いた。

「今日が何の日か知っている？」グランマは訊いた。

ぼくが首を振ると、グランマの笑みはさらに大きくなった。

「1年後よ」グランマは言った。「わたしたちがレストランでいっしょに昼食をとって、あなたのマムが1年後はどこにいたいかと訊いた日から、ちょうど1年後」

「えっ、そうなの？」ぼくもグランマに負けないくらいの笑みを浮かべた。

「で、ほら、ついに答えを見つけたわ、いまここでね。あなたたちと旅をして、さまざまな人と会い、こういうことをして──いま、ここのほかにいたい場所なんて、この世界にないわ」

ぼくは両腕を巻きつけてグランマをしっかりと抱きしめた。もう雨も寒さも感じなかった。

1分ほどして、グランマは体を引き離し、果てしなく続く大洋を心穏やかに眺めた。

「ジャックを亡くしたとき、わたしは自分の世界を全部失ってしまったの」グランマの声は咆哮《ほうこう》する風の音にかき消されそうなほど小さかった。「自分の人生にぽっかりあいた大きな穴しか見えなくなってしまった。わたしはまだ寂しくてたまらない。ひとりで生きるのはとてもつらい」

グランマはぼくの手をぎゅっとにぎりしめ、海から視線をそらして、ぼくの目をじっと見つめた。

「でもね、わたしはまだ生きているの」グランマの顔に再び笑みが広がった。「生きるなら、精いっぱい生きるつもり」

●完全なひととき

ぼくたちはアメリカ中を旅してまわったが、80代、90代の夫婦たちも、自分たちのラブストーリーを語りに、何時間も車を運転して来てくれた。2時間、3時間はあたりまえ、なかには4時間もかけて来てくれた人たちもいる。彼らは硬い体を持ち上げて車から降りるのも一苦労だった。だが、若い人たちにも自分たちの宝物を分けようと、誇りに顔を輝かせ、手をにぎり合って、ぼくたちの前に座った。そうした彼らの努力には頭が下がる思いだった。

90代はじめのある夫婦――結婚歴70年!――は、なんと、250マイルも車を運転して、ぼくたちに会いに来てくれた。夫は、きちんとアイロンのかかったブルーのズボンに、黄褐色のスポーツコートという服装で、ネクタイを締めていた。妻のほうは、ブルーの瞳を引き立たせるブルーのプリント地のドレスを着ていた。インタビューの締めくくりに、ぼくはふたりに訊いた。「若い世代に伝えたいメッセージは?」

ふたりとも考え込んだ。

しばらくして夫が身を乗り出し、ぼくの目をまっすぐ見つめ、真剣な口調で言った。「わたしはずっとふたつの仕事をしなければならなかったし、豪華な車も大きな家ももてなかった。でも、とってもすばらしい家族と、わたしを愛してくれる妻を授かった……だから、わたしは心のなかでは自分は裕福な男だと思っているよ」

彼のシンプルな言葉には、70年の経験の重みが詰まっていた。ぼくは、彼が一生を費やして手に入れた宝物を手渡されたような気がした。

2週間後、彼の孫娘からインタビューに感謝するEメールが届いた。そこには、インタビューのあと数日して祖父は亡くなった、と書いてあった。

ぼくたちがインタビューした夫妻の多くが、このプロジェクトの完成を見ずに亡くなっている。ぼくたちは知恵を求めて〈マリッジ・マスター〉を募集し、それに彼らは応えてくれた。かなりの苦労をしてやって来て、自分たちの結婚物語を語ってくれた人たちもたくさんいる。

ぼくたちはインタビューの締めくくりに、こう訊くことにしていた――**ぼくたちに伝え**

たいと思うメッセージは何ですか？　生涯ともに暮らし、愛し合ったあなたがたが、世界に伝えたいメッセージがひとつあるとしたら、それは何ですか？

ふたりで嵐のビーチまで出ていった翌朝、グランマとぼくは、穏やかになった海を見晴らす小さな食堂《ダイナー》でいっしょに朝食をとった。コーヒーにクリームを入れてかきまわし、トーストにラズベリーのジャムを厚く塗るグランマを見ていて、ぼくは笑みを浮かべずにはいられなかった。グランマの雰囲気が一夜にして変わってしまったように、ぼくには思えた――相変わらず元気いっぱいで輝いて見えたが、いまや、これまでなかった霊気のような安らかさに包まれているような気配があるのだ。

じっと見つめているぼくに気づいて、グランマがにっこり笑った。

「ついに怒りを取り除くことができたのよ」ぼくが説明を求めると、グランマは打ち明けた。「ジャックが死んでから、わたしはとても怒っていたの。ジャックに対してじゃないわよ」急いでつけ足した。「怒っていたのは、自分に対して。ジャックといっしょにいられるチャンスを、ともに楽しめるチャンスを、逃してしまった自分に対して」

グランマはコーヒーをかきまぜ、いかにも後悔しているというふうに軽く肩をすくめてみせた。「ジャックが亡くなる1カ月前、養護施設でのことだったんだけど、いっしょにベッドに横になってくれと、あの人に言われたの――」

「グランマ！」ぼくはショックを受けたふりをした。グランマは笑い声をあげ、戯れにナプキンでぼくの腕をピシャッとたたいた。

「そんなんじゃないわよ！　ジャックはいっしょにひと眠りしたかっただけ！」グランマは叱る口調で言うと、口をつぐんだ。しばらくは、グランマのスプーンがコーヒーカップの側面に当たる音しか聞こえなかった。「わたしはね、あの人の望みを叶えてあげなかったの」グランマはとうとう明かした。「ほかの入居者がどう思うか心配したから」

グランマは突然、スプーンを乱暴にガチャンとソーサーにおいた。

「他人《ひと》がどう思おうと関係なかったのよ！　ジャックをもう一回抱きしめられるチャンスだったのに！」

ぼくは手を伸ばし、グランマの手をとった。紙のようにやわらかな指だったが、にぎり返してきたグランマの手の力は強かった。

「あなたは、若い世代へのメッセージは何かって、インタビューした夫婦にいつも訊いているわね。わたしからのメッセージはこれ――〈**どんなに小さなチャンスでも無駄にせ**

ず、最大限活用して、ふたりで存分に楽しむこと〉」

グランマは椅子の背に体をあずけ、伸びをしながら、食堂《ダイナー》の外に目をやり、ぼくたちを待っている陽光あふれる明るい朝を見つめた。コーヒーを飲むグランマの唇のまわりに、自分と仲直りして心の平安を手に入れた者の穏やかな笑みがかすかに躍っていた。

「**完全な結婚なんてものはないの。あるのは、完全なひととき。そうしたひとときがひとつひとつ積み重なって、人生を満たしてくれるの。**人間が神様からいただいた日数には限りがある。その限りがあるということを忘れてはいけないの。なぜかというと、人生って、ほんとうに、あっというまに過ぎてしまうからよ」

この章で紹介するのは、ぼくたちみんなに宛てられた彼らからのメッセージ——彼らが何十年もかけて発見した宝物——である。

●ジェイスンの気づき●

89歳の元気じいちゃんの恐るべき〝心の持ちよう〟

北カリフォルニアでなんとも長くて疲れる〈マリッジ・マスター〉耐久連続インタビューにはまり込んでしまい、高齢者センターを連日めぐりつづけての9日目、マットとぼくの頭はくたくたになり、なんだかから揚げにされたような状態になってしまった。ソファに座り、クッキーを食べながら、一日中ラブストーリーに耳をかたむける、と書いただけでは、あまりむずかしそうではないな、そんなものにどれほどの努力が必要になるというのか、と思われてしまうかもしれない。

だが、1時間もの質疑応答を、次から次へ、次から次へ、次から次へ、次から次へ、次から次へ、次から次へ、次から次へ（〝次から次へ〟は連続して7回読むだけでも疲れるのです）繰り返したあと、ぼくたちは完全に頭がいかれてしまい、ぶつぶつ言いながらよろよろ歩く痴《し》れ者になってしまった。なにしろ、両の耳のあいだにある脳とかいうどろどろしたもののなかで、愛と結婚だけでなく、カーライルやサマンサやチャック（彼はトピーカに住んでいるのだそうだ）という名の孫たちについての物語までが、ぐるぐるまわったり、ぐちゃぐちゃにまざり合ったりしているのだ。マットはこの情報の過剰摂取を〝消火ホースから水を飲もうとするようなもの〟とたとえた。ぼくはというと、デザートのおいしいライム・グリーンのジェロー（ゼリー）をひたすら夢想して、このへとへと状態から逃れようとしはじめていた。

高齢者センターの天井には巨大な天窓があって、外はさぞかし暑くてきらびやかで気持ちいいだろうなと、ぼくはたえず思わずにはいられなかった。食堂までの正午の長旅をするシニアの群れにまじって、マットといっしょに足を引きずってゆっくりと歩いていたとき、ぼくは天窓の向こうの青空にあこがれの視線を投げた。〈ここは28歳の若者がいるところではない〉ぼくは愚痴った。〈こんな日には絶対に〉

●「私にも話をする資格があるかね？」

高齢者センター名物デザートであるライム・グリーンのジェローに舌鼓を打っていると、スポーツ好きそうなはつらつとした男性が近くのテーブルから身を乗り出してきた。名前はラッセル・モーン、89歳。「最初の妻は結婚36年目で死んでしまった。次の妻との結婚は28年続いている。わたしにも話をする資格があるかね？」

「ええ、ありますよ」マットが答えた。「でも、昼食のすぐあとの時間しかあいていませんが」

「ありゃ、それはまずいな」彼はずり落ちていた縁の太い眼鏡を指で押し上げた。「川泳ぎの時間なんだよ」

〈えっ？〉ぼくは目を輝かせた。「いま、〝川泳ぎ〟と言いました？」

10分後、ぼくたちはラッセルのぴかぴか新車のミニ・クーパーで曲がりくねる田舎道を突っ走っていた。

「なかなかいい走りですね、ラッセル」ぼくはバックシートから声をかけた。

「おいおい、あんたはまだ何もわかっちゃいない」ラッセルはニヤッと笑って、チェンジレバーに手を伸ばした。「そうら、このエンジン音を聞いてくれ！」

ブルン、ブルン、ブロロロー！ラッセルはすばやくシフトダウンし、小さな車体をかたむけさせて強引にカーブを突破しようとした。彼は大喜びしてフフフと笑い声をもらし、ぼくらは不安になってアシスト・グリップをつかんだ。

曲がりくねる幅の狭い砂利敷きの山道を（たえずエンジン能力をテストしながら）上り、めぐり、下って、ぼくたちはついに森のなかの終点にたどり着いた。ラッセルがトランクから輪状に巻いたロープをつかみ出して肩に背負ったので、マットとぼくはエエッと目をむき、顔と顔を見合わせた。

「それで何をするんです？」マットが訊いた。

「ちょいと上り下りがあるんだ」彼は答えた。

マットとぼくはまたしても顔を見合わせた。〈このじいちゃん、マジなのか？〉

森を半マイルほど進むと、川が流れる渓谷を見下ろす100フィートほどの高さがある急勾配の土手のてっぺんに出た。ラッセルはさっそく仕事にとりかかり、登山用金具のカラビナやロープの輪やイーグル・スカウトの秘密の結び方を駆使して、間に合わせの登山用装具をつくり、ロープを木に固定した。89歳？〈こんなじいちゃん、ほんとうにいるの？〉

「ラス、そこの木は漆の仲間ではありませんか？」ぼくは低木を指さした。小さいころぼくは、その悪魔の木にさわってかぶれ、猛烈なかゆみをともなう水疱に夜も眠れない、ということが何度もあったのだ。そういう木がかたまって生えているところに、ラッセルはもう10分ほども立ちつづけていたのである。

「そうだよ」彼は答えた。「わたしは平気なんだ」

そりゃそうだろう……でも、なぜそうなのだ？　ぼくはぞっとしてふるえた。ラッセルはロープを引っぱって装具の具合をチェックしてから、後ろ向きになって土手をおりはじめた。90度の断崖とは言わないし、マットとぼくはロープなしで底までおりられたのだから、崖でさえもなかったが、急勾配であることにはちがいなかった——だから、ぼくらは下までずっと木の幹や枝をつかんでおりなければならなかった（それでも何度か滑って尻もちをついた）。28歳の若者でも、それほど苦労する急斜面なのだ！

ロープを使っておりるラッセルのわきを、ぼくらはよろめき転びながら川までおりていったが、その間、彼が現在の妻のジェインといっしょに50回以上もしたという山登り冒険行について聞かされた。ふたりは、カスケード山脈、シエラ・ネヴァダ山脈、シエラ・マドレ山脈、さらに〝アメリカンの桃源郷《シャングリラ》〟と呼ばれているハヴァス・キャニオンの奥深くまで、トレッキングをしに行ったという。「最初の妻も登山や洞窟探検が好きではあったけどね」ラッセルは言った。「運搬用のラバを使いたがってね、その点がわたしは少し不満だったんだ。いまのジェインはトレッキングの真のチャンピオンだよ」

「ここにいっしょに来たことは？」マットが訊いた。

「以前はよく来ていたよ」ラッセルは答えた。「だが、75のときに腰を痛めてね、それ以来、来られなくなった」

渓谷の底にあったのは、とてつもなく美しい川だった。汚れなき清流で、水はひんやりして爽やかだけれど冷たすぎず、透明度は抜群、底まできれいに見え、まわりの岩から飛び込めるほどの深さもある。ぼくがインタビューのためのカメラをセットしているあいだに、マットはシャツと靴を脱ぎ、岩から飛び込んで、砲弾が炸裂したときのようなすさまじい飛沫をあげた。一方、ラッセルも岩陰から出てきて、盛大な飛沫をあげた。

「気にしないでくれよ」ラッセルが照れくさそうな様子さえ見せずに声をあげた。「泳ぐときはいつも素っ裸なんだ」

水から出て、岩にはい上がり、そこにいたラッセルの姿を見たときのマットの表情は、一生忘れられない。なにしろ、ラッセルは素っ裸でショッキングピンクのエアマットをふくらましていたのだ。〈うわっ、なんだ、なんだ――?〉とマットの顔が言っていた。

その日、ぼくらは川で1時間ばかり過ごしたが、結婚に関する質問はあまりしなかった。3人とも、川の中央にある岩の上でのんびりし(ぼくたちふたりはいちおう下を隠し、もうひとりはまるで隠さず)、日光浴をしたり、数々の大胆不敵な冒険譚を聞いたりするのに忙しかったからだ。ラッセルは山頂で骨折して救出されたこともあったという。だが、忘れずにした質問がひとつある。それは――「ラッセル、ぼくたちにひとつだけメッセージを残せるとしたら、どんなものになりますか?」

彼は川面にきらめく陽光を見つめ、答えをじっくり考えた。そして、哀しい秘密を打ち明けるかのように、静かな口調で言った。

「高齢者センターで暮らしていていちばんつらいのは、生きることをやめることにした人たちを見ることだね。こいつは微妙なもので、とらえるのがなかなかむずかしい。きみたちにも見てわかるかどうか?――わたしには何とも言えんな。でも、そういう人たちはいる。それは確実だ。ある年齢に達すると、年寄りになろうと決めてしまう――そんな感じなんだ。

わたしは覚えきれないくらい山に登った。結婚も2度して、どちらも満足のいくすばらしいものだった。そして、わたしが学んだことは、山登りにせよ、充実した夫婦関係にせよ、いちばん大切なのは姿勢、ということだね。前に一度、ある人に、結婚が新鮮でなくなってしまった、と言われたことがあった。そうじゃないんだ。**新鮮でなくなったり、腐ったりするのは、結婚ではない――人間だよ。**

愛、人生、年齢――みんな、心の持ちようひとつなんだ。きみたちは永遠に続く結婚を望んでいるんだったね？　それで、ここまで来たんだったよな？　よし、では、わたしからの若い人たちへの助言を披露しよう。それは――**永遠に続く結婚は可能だ、100パーセント可能だ……ただし、自分で可能だと信じてはじめて可能になる**」

そう言うと、ラッセルはピンクのエアマットをつかみ、こう宣した。

「きみたち、もっとここにいたいのはやまやまなんだが、今日は土曜日でね、ジェインとわたしは《ザ・ローレンス・ウェルク・ショー》を絶対に見逃さないんだ。さあ、あの丘に戻るぞ！」

オーケー、了解、元気じいちゃん。あなたのメッセージはちゃんと受けとめました。

ラスト・ダンス！

――ジョーとミリー◎ロージィヒ夫妻（結婚歴65年）

デトロイトのウッドワード街にあった《グレイストーン・ボールルーム》の外見は、冴えないと言ってもよいものだった。それは、壁がすすけて黒ずんだ、これといって特徴のない建物で、騒々しいイタリア料理店と、のちにモハメド・アリがボクサーへの道を歩みはじめるボクシングジムとのあいだに窮屈そうに挟まれ、まるで目立たなかった。

しかし、思い切って重い両開きドアを押して中に入ってみると、そこは別世界で、シャンパンが水のように流れ、魔法がブルース・トランペットの甘い低音の調べのように空中できらめいていた。デトロイトにやってきた高名なビッグバンドはみな、《グレイストーン・ボールルーム》で演奏した。グレン・ミラー、アーティ・ラング、ジミー・キャンベル……。毎週土曜の夜、ビッグバンドがスイングし、哀愁をおびたメロディーを奏でると、ダンスホールに音楽とエネルギーと生気が満ちた。そして、土曜の夜にはかならず、16歳のミリーもいちばんきれいなドレスに身を包み、1ドル50セントの入場料を払って両開きドアを押し、一晩中ダンスに興じた。

男の子たちはみな、ミリーのめちゃくちゃにかわいい笑顔と物おじしない態度に惹かれ、彼女と踊りたがった。彼らは入れ替わり立ち替わりミリーの手をつかみ、みがかれた木のフロアまで引っぱっていき、フォックストロットやポルカやジルバを踊った。彼女はだれが相手でも笑いながらくるくるまわり、すばらしいひとときを楽しんだ。だが、バンドがいつもの最終曲《恋人よ、おやすみ》（《グッドナイト、スイートハート》）を演奏しはじめると、どんな男がダンスフロアで彼女と最後のひと踊りをしたいと思っても、がっかりさせられることになる。ミリーはいつもラスト・ダンスをジョーのためにとっておいたからだ。

ジョーは本好きの物静かな男の子で、ダンスはあまり好きではなかった。でも、ミリーのことは好きだった。大好きだった。だから、土曜日の夜は《グレイストーン・ボールルーム》の階上のバルコニー席に座って、音楽に耳をかたむけ、ミリーがほかの男の子たちと楽しむのを眺めていた。だが、お楽しみが終わりに近づいて、照明が暗くなり、サックスが最終曲の甘いスローな調べを奏ではじめると、ジョーは階下におりて、ミリーに導かれるまま、しぶしぶダンスフロアへ向かう。

だが、ひとたび腕をまわして彼女を抱くと、自分がなぜためらったのか、もう思い出せない。
小柄なミリーが相手では、6フィート（約183センチ）のジョーはまるで高層ビルだが、フロアいっぱいにワルツを踊るふたりの体は、ぴったりフィットしているように見える。天井の真ん中から吊り下がる巨大なミラーボールが、きらきら輝く光と色の宝石を踊る者たちに投げかけ、ダンスホールをおとぎ話の世界のような場所に変えてしまう。そしてジョーは目を閉じ、ミリーをもう少しだけ引き寄せる。もう永遠に離したくないと思いながら。

おとぎ話の世界のようなセッティングは、バレンタインデーに生まれた女の子が、夢に見た男の子と出会って恋に落ちる場所としては完璧だったが、ミリーとジョーのそもそものなれそめはおとぎの国のロマンスのようにはいかなかった。それどころかミリーは最初、毎日のように会っていたにもかかわらず、ジョーにほとんど気づきさえしなかった。ジョーが働いていた父親の肉屋は、ミリーが生まれ育った家の隣にあったのだ。ジョーのほうは、ミリーをひと目見た瞬間、〝おれにはこの子しかいない〟と思った。ところがミリーは楽しむことに忙しく、隣のハンサムだがまじめすぎる男の子のことを考える暇などなかった。

ジョーはミリーの兄のジミーの助けを借りて、彼女をデートに誘い出そうとした。だが、それでもミリーは彼に興味をもてない。ジョーはすてきだけど、のろくて退屈、というのがミリーの印象だった。ミリーはつねに時速100マイルで動いているのに、ジョーはスローモーションで動いている感じなのだ。だが、ジミーがジョーにもチャンスを与えろと妹を説得した。そして、ある夜、とうとうミリーはジョーと映画を観に行くことを承知する。

ふたりが映画館に行って、シートに並んで腰かけると、ジョーの手が伸びてミリーの手をにぎった。ジョーの手は温かく、がっしりしていて、にぎり返したときミリーは、はじめて心が通じ合う火花のようなものを感じ、彼に好意をもった。ジョーは映画が終わるまでミリーの手を離さなかった。エンディングのクレジットが流れ、明かりがついたときには、最初の火花のようなものは互いに惹かれ合う者同士のあいだにできる確固たるきずなにまで育っていた。ジョーは自分にとってほんとうに特別な存在なのだ、とミリーは悟った。だが、彼を好きになりはじめたものの、ミリーはまだ遊ぶ男の子を1人にしぼる気持ちにまでなれなかった。なにしろ17歳で、音楽には心躍り、パーティーは楽しくてしかたなく、そうしたすべての中心にいたかったのだ。

ジョーは、毎週土曜の夜には《グレイストーン・ボールルーム》に姿を見せるようになった。そこへ行けばミリーに会えるからだ。彼はダンスが好きではなかったが、いつも最終曲のワルツを踊ろうと誘う彼女を拒みはしなかった。2年にわたって110回踊ったのち、ミリーははじめてジョーにキスを許した。ジョーの辛抱強さが報われたのだ。

ふたりの唇がふれた瞬間、ミリーは稲妻に打たれたような感覚を覚えた。〈なぜわたしはこんなに長いあいだ待っていたのかしら〉と思いながら、ミリーは両腕をジョーの体に巻きつけ、もう一度キスをした。一瞬のうちにミリーは恋に落ちた。

ミリーにとって、ジョーは《グレイストーン・ボールルーム》そのものだった——外見は控えめで、ぱっとしないが、なかは光と興奮に満ちあふれている。

ミリーはジョーとキスをするまでに2年を費やしてしまったが、もう待ちたいとは思わなかった。1年後ふたりは結婚し、ミリーとジョーはついにハッピーエンドの恋物語を完結させた。だがミリーは、独身生活をあきらめても、ダンスをあきらめようとはしなかった。

「ねえ、ジョー、お願い、踊りましょう！　ねえ、踊ろうったら！」彼女は哀願する。

「ひとりで踊ればいいじゃないか。おれはいいよ」とジョーはじらしはするが、結局は折れてしまう。いっしょに踊ってやれば、妻が幸せな気分になれるとわかっているからだ。

ミリーは夫と踊れる機会を絶対に逃さなかった。ふたりは毎週土曜の夜の《グレイストーン・ボールルーム》通いも続けた。それは、あの両開きドアが１９５７年に永遠に閉ざされるまで続けられた。

だが、ふたりの人生は、いつもおとぎ話のようにハッピーエンドというわけにはいかなかった。１９９７年、ふたりが最後に《グレイストーン・ボールルーム》でダンスをした年から数えて40年後、ミリーとジョーの〝いつまでも幸せに暮らしましたとさ〟は、突然キキキーッという急ブレーキの音とともに止まってしまう。ジョーがアルツハイマー病と診断されたのだ。

ふたりは高齢者用住宅施設に移り、以後5年間ミリーはそこで、病気に心身をゆっくりとむしばまれていくジョーの世話をした。ジョーは小さな発作をいくつも起こしてコミュニケーション能力をさらに失い、認知症を悪化させ、ついにはミリーもひとりでは世話ができなくなってしまう。

ジョーはホスピスに移され、ミリーは夫のベッドサイドにひたすら座る日々となる。ジョーはもうミリーがだれだかわからない。妻の名前もわからない。だが、病気が最終的な段階に至っても、ジョーはまだふたりをつなぐきずなには気づいているようだった。朝ミリーが部屋に入ってくると、ジョーは笑みを浮かべ、彼女が座った瞬間、手を伸ばして妻の手をとるのだ。そしてミリーがそばにいるあいだずっと、68年前の最初のデートでしたように、彼女の手をにぎりつづける。

「ジョーはいつもわたしの手をにぎりつづけて――」ミリーは思い出し、涙ぐんで笑みを曇らせた。「わたしを行かせようとしなかったの」

ホスピスに入って9カ月すると、ジョーはもう手もにぎれなくなり、あの世に旅立った。90歳だった。ミリーとジョーの結婚生活は65年続いた。

●ジョーが〝思い出した〟瞬間

ジョーがホスピスに入る数日前、3人編成のバンドが、ふたりの住む高齢者用住宅施設を訪れた。彼らは昔のビッグバンドの曲を演奏して入居者を楽しませ、椅子をどけて間に合わせのダンスフロアまでつくった。

だが、ミリーは生まれてはじめて踊る気になれなかった。ジョーの世話で疲れ切っていたし、夫をホスピスに移す決心をしたことも心に重くのしかかっていた。彼女は哀しく、怖かった。生涯愛しつづけたアップビートなジャズを聴いても、心は一向に浮き立たなかった。

しかし、ふたりでダンスフロアの外に立って、ほかのシニアたちがダンスをするのを眺めているうちに、ジョーに変化が起きた。ジョーが背筋をぴんと伸ばし、何かに興味を覚えたときの生き生きとした表情を顔によみがえらせたのである。彼の認知症は、すぐ前に起こったことも思い出せないほど進行していたが、音楽がジョーの心のなかの奥深くに閉じ込められていた何か――あの何年も続いた土曜の夜のダンスの記憶――を解き放ったようだった。

ミリーは微笑み、両腕を伸ばした。彼女はジョーといっしょに、ダンスフロアで踊る人々に加わった。かつては強靭だったジョーの体は、いまや衰えて弱々しく、あれほど自信にあふれて確かだったステップも、ふらつき、よろけがちだった。それでもジョーは、くじけずに妻をリードし、フロアいっぱいに踊った。

踊っているあいだ、ミリーは心配をわきに押しやって楽しもうと懸命になった。だが、音楽が終わり、バンドの3人が入居者に〝おやすみ〟の挨拶をすると、ミリーは正直なところ、ほっとした。彼女はなんとかダンスフロアの外に出ると、くずれるようにして疲れた体を椅子にあずけた。だが、ジョーは座らなかった。

彼はミリーの前に立ったまま、期待の表情を浮かべていた。その表情が何なのか、最初ミリーにはわからなかった。

でも、ジョーが顔をしかめて、空っぽになったダンスフロアを示すしぐさをするにおよんで、ミリーは夫が何を望んでいるのか理解した。

「演奏は終わったのよ。だから、座って」ミリーは言った。

だが、ジョーは興奮して、再びダンスフロアを示すしぐさをしただけだった。

「座りなさい、ジョー」ミリーは繰り返した。

ジョーは首を振った。彼は心のなかに封じ込められた言葉を見つけようと必死になった。そしてミリーの手をつかみ、ぐいっと引っぱって、立ち上がらせようとした。踊ろう、というのだ。

これまで数え切れないほどミリーに踊ろうとせがまれたジョーが、いま、生まれてはじめて、逆に彼女に踊ろうとせがんでいるのだ。

その皮肉と悲劇にミリーは打ちのめされ、あふれ出る涙をどうすることもできなかった。

「だめ、ジョー、終わったの」自分の口から出た言葉が秘める深い真実に気づき、ミリーは胸のなかにある何かがくずれていくのを感じた。「音楽はやんだの。もうダンスはないの。わたしたち、終わったのよ」

だが、ジョーもあとに引かなかった。ミリーの手をしっかりにぎったまま、執拗に彼女を見つめつづけた。

「ラスト・ダンス！」ジョーは言った。

ミリーは目を大きく見開いた。ここ数カ月、ジョーはアルツハイマー病のために言語能力を奪われ、センテンスをつくることも首尾一貫した思考を言葉で表現することもできず、話そうとしても口をもぐもぐ動かすだけで、不明瞭な音しか出せなかったのだ。ところが、いま、ふたつの単語を明瞭に発音したのである。

「ラスト・ダンス」

すると、まるでジョーが指を鳴らして命じたかのように、バンドが再び演奏を開始した。それは、踊りにきた人々への最後の曲、〝おやすみなさい〟のワルツ。

奇跡だった。

まさにマジック。

ジョーは満足し、誇らしげにミリーに微笑んだ。「ラスト・ダンス！」

ミリーはジョーに導かれるまま、だれもいないダンスフロアへよろよろ向かう。こんなことは、ふたりにとって最初で最後のことだった。

ジョーはリードし、ミリーをあの懐かしいワン・ツー・スリー、ワン・ツー・スリーへいざなった。ミリーの体にまわされていたジョーの腕に力がこもり、ステップもどんどん確かなものになっていく。ふたりのダンスがよみがえったのだ。

ミリーは、あと数日でホスピス入りという夫と踊りながら、病気にやられて荒廃した顔をのぞき込み、そこにジョー、彼女のジョー、自分が結婚したジョーが復活しているのを見た。そんなことはもう、ここ何カ月、いや、何年もなかった。ジョーが戻ってきたのだ。

ジョーがジョー自身に戻り、思い出したのである。

ミリーはそれを確信した――ワルツを踊りはじめるや、それが夫の顔にあらわれるのをはっきりと見ることができた。

観ていた人々にもそれがわかった。喝采がわき起こった。入居していたシニアの多くが、ジョーとミリーを知っていたし、ふたりがいま厳しい試練を受けていることも知っていて、立ち上がって拍手した。ダンスに加わろうとする者はひとりもいない。みな、フロアを滑るようにまわるミリーとジョーを観るだけで満足している。これはジョーとミリーの最後の舞台、ラスト・ソング、ラスト・ダンスなのだと、だれもがわかっていた。

「あのふたりを見て!」ひとりの老婦人が、感動し、涙を流しながら笑い声をあげて叫んだ。「ジョーが踊っている！　まだ踊れるのよ！」

再び入居者たちが拍手喝采した。そしてしだいに静かになった。どの顔にも過去への回帰を痛切に願う表情があふれていた。だれもが、昔踊ったダンスを、失った愛を、忘れ去られた優美さを、思い出していた。ミリーとジョーのダンスを観て、彼らの心は、ニューヨークの《サヴォイ・ボールルーム》やロサンゼルスの《リージェンシー》やデンヴァーの《トロカデロ》で踊った若き日々に引きもどされた。

だが、ミリーにとっては、ダンスホールといえばデトロイトの《グレイストーン・ボールルーム》だった。それは永遠に変わることはない。高齢者用住宅施設の派手な装飾の壁が消え、この最後のラスト・ダンスのあいだ、ミリーはあの懐かしいウッドワード街の溜まり場に戻った。ジョーがしっかり抱いてくれている。ジョーは若く、健康で、ミリーは17歳、未来はめくるめく喜びと可能性に満ちあふれ、彼女はジョーの強い腕に抱いていてもらわないと、どこかへ飛んでいってしまいそうだった。

あまりにも早く、そう、あまりにも早く、曲は終わってしまった。音楽がやみ、明かりがついて、ミリーとジョーは離れねばならなかった。ふたりのラスト・ダンスは終わったのだ。

だが、曲が奏でられたたった数分のあいだに、ミリーとジョーはともに暮らした65年間を踊ったのである。そして、ミリーの夢、記憶、心のどこかで、いまも音楽は奏でられ、ふたりは踊りつづけている……。

「〈光陰矢のごとし〉よ！」とミリーは言う。「ジョーといっしょにできなかったことがたくさんあるわ」

そして、こう言い添えた。

「わたしが言っておきたいのは、**連れ合いと過ごすひとときをつくるチャンスを絶対に逃さないこと**。そういうひとときのひとつひとつが、実はとっても貴重なものなの。そのときはそうは思えず、あとになってわかるんだけど」

独身男たちが得た宝物

すばらしい結婚は、勇気ある愛の積み重ね
——ジェイスン

ぼくの場合、この《プロジェクト・エバーラスティング（永遠の愛計画）》に参加して実際に旅を始めたあとに、何のためにこれをするのかという〝目的〟が劇的に変化した。しばらくすると、さまざまな夫婦から得られる答えに自分が大きな関心をいだいているのがわかった。ぼくは彼らの言葉によらないコミュニケーション・テクニックをしっかり観察しはじめ、彼らが話す物語をも深く考えるようになった。自分は愛されているのだと妻に思わせるために何をしているのかと、夫に尋ねるようにもなった。夫に対していちばんありがたいと思っている点や、なくてもいい点を、妻が説明してくれるときは、詳細にメモをとった。ぼくはもう、長旅に出る親友の口説き文句に乗っただけ、というのではなくなっていた。結婚について知りたいと真剣に思いはじめていたのである。

このツアーの半ば、シカゴのオーク・パーク近くで、〈マリッジ・マスター（結婚の達人）〉であるキースとヴィッキー（ケイディー夫妻）へのインタビューのセッティングをしていたときのことだ。

「きみは結婚したら妻をとっても幸せにできるよ、ジェイスン」とキースに言われた。「きみはすばらしい夫になる」

何と返したらいいのかわからず、ぼくはただうやうやしく微笑み、言った。「ありがとうございます」

だが内心、なんでそんなに確信がもてるのだろうか、と疑いもした。

ぼくは前にも同じことを言われたことがある。あなたは理想的な結婚相手になるわよ（確かにぼくは背が高い）、と何人ものおばあちゃんに言われたことがあるのだ。しかし、90歳の男がそう言ったときの様子が様子だったので、ぼくはその言葉を重く受けとめざるをえなかった。口調にまず、ぼくと同類の気性が感じられ、かつてぼくと同じ状況にあったのではないかとも思えたし、表情がまた、いかにも誠実、聡明、確かそうで、ものごとをだれよりも明瞭に見られる地点にまで到達しているかのようだったのだ。キースはたぶん、ぼく自身よりもぼくをはっきり見ることができ、ぼくの心の奥までのぞき込めたのではないか。だから、ぼくには見えないものまで見えたのではないか。

ここまで考えると、思い当たるふしがあり、ぼく個人にとって重要な発見を思い出さずにはいられない。それは、この《プロジェクト・エバーラスティング》というミッションに費やした4年間からぼくが得た最大の教訓、〈マリッジ・マスター〉だって誤りをおかした、という教訓だ。いや、彼らはいまなお、誤りをおかす――それも、たくさん！実のところ、ぼくたちが結婚の知恵を求めてインタビューした250組以上の夫婦を振り返っても、いくつかの失敗――ささいなものもあれば深刻なものもある――をおかした時期がないというカップルは一組も思い出せない。でも、ここが肝心なのだが、それこそが彼らのラブストーリーのすばらしいところなのだと、ぼくは知ったのだ。彼らは、勇気をもってそれを乗り越えようと決意し、ほとんどの場合、自分たちの誤りを正すことができたのである。

　生涯にわたる結婚のほんとうのすばらしさは、シニアたちがソファでぼくたちに披露する感傷的で大げさな愛情表現となってあらわれるものではなく、彼らの勇気の物語のなかにこそひそんでいるのだ。〈マリッジ・マスター〉たちが繰り返し教えてくれたように、**一生涯続く愛は勇気ある者にしか獲得できない。**キース・ケイディーのような〈マリッジ・マスター〉でも、結婚式で花嫁ヴィッキーに結婚の誓いをしたときは、知らなかったのである――長い年月のうちに彼女がどう変わってどういう人間になり、自分がどう変わってどういう人間になるかを。また、どんな感情的反目や醜い対立がふたりのあいだに生じるかも、何度プライドを捨てて妻に許しを請うことになるかも、彼女のなんともかわいらしい小さな欠点がどうにも我慢できない不愉快の種になりうるかも、知らなかった。さらに、〝もっと悪いこと〟がどれほど悪くなりうるかも、妻を敬い尊ぶにはどれほど無条件の愛が必要になるのかも、充分には理解していなかった。それでもキースは、自分は結婚の誓いをどうにか守っていけるだろうと信じ、もっと立派なことには、花嫁も同じように力のかぎり努力して夫を敬い尊ぼうとするだろうと信じたのである。そして、69年後のいま、自分がさまざまな点で力不足であったことを認め、男らしく、日々さらに頑張って結婚をますますよいものにしようと全力を尽くしている……。

いやもう、それこそ、ぼくが必要としている勇気だ！

そして、ぼくはいま、ふつうなら会う機会もなかった何百人もの〈マリッジ・マスター〉たちのおかげで、その勇気を手に入れようと努力することができるのである。彼らのなかには、すでに亡くなってしまったかたもいる。神よ、彼らの魂を安らかに眠らせたまえ。マットとぼくに……そして読者のあなたに、自分たちの人生の秘密を打ち明けてくれた彼らの魂に、どうか安らかな休息を。結局、ぼくが発見したことは、すばらしい夫は勇気ある夫で、**すばらしい結婚は無数の勇気ある愛の積み重ねであるということだ。**だから、ぼくは次の言葉を自分の新たな標語にすることにした――〈ぼくの結婚、勇気を欠いて台なしにしてはならぬ〉。

最後に、ぼくのなかにある何かを見てくれたキース・ケイディーと多数のおばあちゃんたちへ――長生きしていただき、ぼくの成長ぶりを見てもらえたらいいな、と思っています。だって、ぼくは妻をとっても幸せにするつもりなんですから。

そう、ぼくはほんとうにすばらしい夫になるつもりなのだ。

愛はほんとうにすべてに打ち勝つのだ
――マット

ぼくがこのとんでもない本書き冒険に乗り出した目的は、意識を拡大して既存の観念を打破する力をもつ、永遠の愛の世界に関する深遠な真実を発見するためだった。ぼくは未発見の奥深い秘密が欲しかったのだ。それは、きちんと実践すれば、絶対に壊れない堅固な結婚をもたらしてくれる、まったく新しい公式でなければならなかった。どんな危機や悲劇にも破壊されることのない磐石の結婚を約束してくれる秘法。かつて一度も発せられたことのない謎めいた魔法の言葉。そういうものを求めて、ぼくは旅に出たのだ。

ジェイスンとぼくは本をおもしろくするにはどうしたらいいかということも考え、街でふつうの人をつかまえてインタビューし、〈マリッジ・マスター〉たちの示唆に富む刺激的な知恵をきわ立たせるのもいいかもしれないと思った。そこで、旅も半ばのある夜、デトロイトのダウンタウンを歩いて、点滅するビールのネオンサインが窓を照らす、いかにも怪しげなバーに足を踏み入れた。バーのなかにいたのは、こういう酒場に入りびたりの結婚経験3度の五十男ボブと、すでに酔っ払っているボブに腕をまわされていっしょに飲んでいる、結婚経験ゼロの20代の大学中退娘キティーだけだった。〈おおっ、しめた、高齢の賢者たちとは正反対の人たちじゃないか〉とぼくは思った。

「結婚を成功させる秘訣は何だと思いますか?」ぼくは訊いた。ジェイスンがはっきりしない鈍い反応までとらえようと、ビデオカメラでふたりの顔をズームアップする。

キティーがこの質問に答えたくて、ボブの肩にもたれかかった。「ええーと、だからー、深く愛し合い、献身的に支え合う必要があるわね」彼女は答えた。「あきらめちゃだめ。結婚はいつも手をかけなくちゃいけないもので、ほったらかしにしてはだめ。あっ、それから、コミュニケートしないと。コミュニケーションがたくさん必要よ」

ジェイスンがカメラの後ろから、ぼくのほうを見て、〝なかなかやるじゃない〟という顔をつくってみせた。

と、そのとき、ボブが割り込んだ。「おれにも結婚について言わせてくれ。相手の癖や性格を変えようとしてはいけない。相手を受け入れ、敬わないといけない。そう、尊び敬うこと、たぶんそれが結婚でいちばん大事なことだろうね」

「それと愛！」キティーがわざと大きな声をあげ、ボブの頬にブチューとキスをした。

「そうそう、おまえはおれを愛している。というのも、おれがビールをおごるからだ」

ボブが落ちをつけた。

「いまだれか、ビールと言った？」キティーがとぼけた。「わたしたち、もう一杯ビールが必要ね」彼女はシャツをつかんでボブをカウンターまで引っぱっていき、コロナを2本注文した。

あれっ、待てよ。このふたりは結婚の秘密を知らないはずだったのに！　なんで知っているんだ!?

確かに、ぼくが〈マリッジ・マスター〉たちから学んできたことは〝天啓のひらめき〟

と言えるほどの意外な新事実ではなかった。それでも、ぼくは大きな疑問を発せざるをえなかった――それは〈〝3度離婚〟氏は結婚に成功する秘訣を知っていたのに、なぜ3度も失敗してしまったのか?〉という疑問だ。**だれもが至福の結婚を手にする秘訣を知っているとしたら、なぜ離婚率がこんなに高いのか?** いったい何が欠けているのか?

この《プロジェクト・エバーラスティング》の冒険中ずっと、ぼくは映画『ベスト・キッド』のダニエル・ラルーソのような気分だった。ダニエルは空手を習いたくてミスター・ミヤギを見つけて弟子入りする。だが、何週間も床みがきと、フェンスのペンキ塗りと、車のワックスがけしかやらされない。空手の動きをひとつも教えてもらえず、不満をつのらせたダニエルは、ついに出ていくことにする。ところが、まさに出ていこうとしたとき、ミスター・ミヤギにみがいたばかりのデッキに呼ばれ、〝ペンキ塗り〟の動きをやってみろと言われる。言われたとおりやった瞬間、ミスター・ミヤギがパンチを繰り出し、ダニエルはそれをみごとにブロックする。〝床みがき〟はキックを防ぐ動きとなる。〝車のワックスがけ〟も、さて、何をブロックする動きだったか、重要な防御の動きとなる。ともかく、これでおわかりいただけたと思う。ダニエルは最初からずっと空手を学んでいたことに気づくのだ。

バーでのインタビューのあと、ぼくは〈マリッジ・マスター〉たちと向かい合って座っても、なぜ自分はこんなことをしなければいけないのだろうかと思いながらフェンスのペンキ塗りをするダニエルのような気分になった。落胆し、張り合いをなくしてしまった。もうやめようか、とさえ思った。ぼくたちの世代が知らないことを、ひとつとして学べないのだ。

しかし、インタビューをしつづける日々のなか、いつからか定かではないが、ぼくは〈マリッジ・マスター〉たちの言葉にひそむ知恵に気づきだした。インタビューのひとつひとつが、高い山を登る一歩一歩のように思えるようになったのだ。それぞれの一歩は小さくて取るに足りないように思えても、それを積み重ねることによって最終的には高い山頂にたどり着け、そのとき〈マリッジ・マスター〉たちが与えてくれたまったく新しい結婚の展望が開けるのに気づくのだ、と思えるようになったのである。そして、その〈マリッジ・マスター〉たちからの贈り物は、ぼくがこれから成長して自分自身のラブストーリーを見つけていくあいだも、きっとさらなる新しい意味と知恵をもたらしつづけてくれるにちがいない。

結局のところ、**ぼくがこの途方もない旅からもらった最大の贈り物は、希望である。**それは、ぼくもある日、わが妻と手に手をとって座り、愛の結婚50周年を祝える可能性があるという希望。この旅のあいだ、ふたりを結ぶきずながほんとうに目に見えるほど強く確かな夫婦と、ぼくはいったい何度向かい合って座ったことだろう。**彼らは生涯続く愛が可能であることを証明する生き証人だった。**

〈マリッジ・マスター〉たちはまた、どんなに険しい山も乗り越えられ、どんなに暗い谷も渡れ、愛に戻ることは可能なのだということも、ぼくに実証してくれた。この先、ぼく自身が結婚し、危険な状況に直面したとき、ぼくはきっとこうした〈マリッジ・マスター〉たちのことを思い出すはずだ。彼らはぼくの子供のころの信念——愛がすべてに打ち勝つという信念——が真実であることを証明してくれる生き証人なのだ。だから、彼らを思い出すとき、愛はほんとうにすべてに打ち勝つのだということも思い出すにちがいない。

だから、友よ、〝ワックスをかけ、ワックスをとろう〟。ぼくは、ミスター・ミヤギがやってきて進むべき道を指し示してくれるまで、せっせとワックスがけをしつづけるつもりだ。そうすれば、悪運に見舞われないかぎり、ある日、50回目の結婚記念日に妻の姿を見ることができ、道を開いてくれた〈マリッジ・マスター〉たちのことを思い出すこともできる。そして、こう言うのだ。「ありがとうございました」

訳者あとがき

いい話ですね。

心温まり、教えられ、感動し、勇気づけられます。

どこかおとぎ話のような雰囲気もありますが、みんな実話です。生身の人間が実際に生き、体験した話が、輝いています。

心の奥底にまでしみ入る情愛あふれるいくつもの人生が、軽やかに編み合わされて、すがすがしい力を与えてくれます。とても不思議な力を秘めた本です。

アメリカの西海岸に住む若者マットが、ある日、祖父母の慈しみ合うちょっとしたしぐさに神秘的とも言える深い感動を覚えます。60年も結婚していてなお、こんなに愛し合っていられるなんて、いったいなぜなんだ？　マットはその謎を解かなければ、この先、価値ある人生を送れないとまで思い詰めます。

実はマットにはそこまで思い詰めざるをえない理由《わけ》がありました。14の年に、仲が良いとばかり思っていた両親が離婚し、愛というものを信じられなくなってしまったのです。むろん、ガールフレンドとも長続きしません。でも、心の奥底には永遠の愛を信じたい気持ちが閉じ込められたままです。その気持ちが、祖父母の愛のしぐさによって解き放たれ、勢いよく噴出したのです。

マットは全米の〈マリッジ・マスター〉（幸せな結婚を40年以上続けている夫婦）を訪ねてまわり、永遠の愛を獲得する秘訣を教わろうと思い立ちます。終生の愛を実現する幸せな結婚こそ、自分に必要なものだと気づいたからです。

そして小学校時代からの親友ジェイスンを引きずり込み、伴侶を失ったばかりのドロシーお祖母《ばあ》ちゃんにも参加してもらい、ひたむきな〝大冒険旅行〟を敢行します。

若者ふたりが、さまざまな〈マリッジ・マスター〉に出会い、自分たちの結婚観を変え、成熟していく過程がとてもよく描かれています。いや、ふたりが学んだのは夫婦の関係だけではありません。なにしろキャンピングカーでの生活です、いかに親友同士とはいえ、長旅のあいだには諍《いさか》いも生じます。〈マリッジ・マスター〉の言葉が、その諍いを乗り越えるのにも役立ちました。

でも、この本のいちばんの輝きは、なんといっても〈マリッジ・マスター〉たちのラブストーリーです。この本には、マットとジェイスンが〈マリッジ・マスター〉たちから聞き出したそれぞれの愛の物語、結婚生活、いや、人生そのものが、20近くおさめられています。どれもこれも〝珠玉の〟と形容したくなるほど実にステキな話です。当然ですよね。そのひとつにひとつに40年以上もの愛が凝縮されているのですから。あまりにも貴重な愛《いと》おしい話ばかりで、一気に読んでしまうのがもったいないくらいです。たとえば、一晩に一話ずつ、寝る前に読む。もしかしたら、それくらいがちょうどよいのかもしれません。わたしの場合、気に入った話を繰り返し読みました。そのたびに感動がよみがえります。ですからこの本は、愛のレッスンを受けて目覚める若者たちの成長物語でもあり、年を重ねてもなおみずみずしい恋愛感情を失わずに愛をひたすら深めていった夫婦のラブストーリー集でもあります。

ところが、この本にはもうひとつ大事なストーリーが流れています。それは初めのうち、いえ、ずっとあとになるまで、深いところを静かに流れていて、表面にはあらわれてきません。終わり近くになって一気にわき上がり、そうか、そうだったのか、ということになります。そう、ドロシーお祖母ちゃんが最愛の伴侶を失った悲しみを乗り越える物語です。若いふたりがそこまで計算してこの本を書いたかどうかはわたしにもわかりませんが、ともかく、みごとな構成と言わざるをえません。この本には、巧みな構成のもとに、愛の成熟に必要な要素がすべて盛り込まれているのです。

というわけで、これから結婚される方、新婚さん、ともに年を重ねつつあるご夫婦、最愛の人を亡くされた方、そして実は、結婚に踏み切れずにいる方や、絶対に結婚なんかしないぞと思っておられる方も、この本から得るものが大いにあると、わたしは確信しています。

わたし自身のことを申し上げれば、この本を読んで、パートナーとの関係が確実によくなりました。これからもさらによくなるはずです。何が大事なのか、はっきりわかったのです。そして、人間は愛を与え、愛に支えられてはじめて幸せに生きていけるのだと、あらためて実感しました。

最後にお断りしておかなければならないことがひとつあります。それはさまざまな事情から、やむなく省かざるをえなくなった〈マリッジ・マスター〉の物語がいくつかあるということです。たいへん残念なことで、文字どおり割愛です。そうした話は、いつかまた別の機会に紹介できることがあるかもしれません。また、ほかにも、日本の読者にはあるとかえって分かりにくくなると思われる部分など、ほんのわずかですが、省かせていただいたところがあることも申し添えておきます。

2008年3月

田村源二

【著者】マシュー・ボッグズ&ジェイスン・ミラー

少年時代からの親友同士。20代半ばの2003年、「結婚して幸せになれるのか？」という疑問への答えを探そうと、全米1万2千マイルの取材の旅、《プロジェクト・エバーラスティング》を開始。40年以上、幸せな結婚を続ける、250組の〈マリッジ・マスター〉に取材するうち、二人は「結婚」に希望と感動と深い知恵を見出す。その経験を、執筆、映画制作、企業や教会などでの講演活動などを通して多くの人々に伝えるなか、プロジェクトはマスコミに取り上げられ話題となり、多くのスポンサーを得る。《プロジェクト・エバーラスティング》のミッションは、「世界に愛を広げよう。まずは一組のカップルから」。もっと知りたい方、2人と連絡をとりたい方は、こちらへ。http://www.projecteverlasting.com/

【訳者】田村 源二（たむら・げんじ）

1947年、東京生まれ。翻訳家。訳書は、T・クランシー『日米開戦』（新潮社）、S・ボチコ『デス・バイ・ハリウッド』（文藝春秋）、J・ロビンズ『エコロジカル・ダイエット』（角川書店）、J=M・ペルト『おいしい野菜』（晶文社）、J・フォード『文学刑事サーズデイ・ネクスト』（ヴィレッジブックス）など多数。映画誕生前のオプチカル・トイ（視覚玩具）の研究も。

マットとジェイスンの――
幸せな結婚に出会う1万2千マイルの旅

2008年4月30日　初版第1刷

著　者　マシュー・ボッグズ&ジェイスン・ミラー
　　　　Mathew Boggs and Jason Miller
訳　者　田村 源二
発行者　本地川 端祥
発行所　幸福の科学出版株式会社
　　　　〒142-0051 東京都品川区平塚2丁目3番8号
　　　　TEL（03）5750－0771
　　　　http://www.irhpress.co.jp/
装　丁　上平稔人デザイン室
本文DTP制作　株式会社エルプランニング
印刷・製本　中央精版印刷株式会社

落丁・乱丁本はおとりかえいたします

ISBN978-4-87688-601-2　C0030